长城

李凯军　关晖◎主编

长江出版传媒　长江文艺出版社

图书在版编目（CIP）数据

长城 / 李凯军，关晖主编. -- 武汉：长江文艺出
版社，2024.6
ISBN 978-7-5702-3636-7

Ⅰ. ①长… Ⅱ. ①李… ②关… Ⅲ. ①名胜古迹—中
国—少儿读物 Ⅳ. ①K928.7-49

中国国家版本馆 CIP 数据核字(2024)第 104564 号

长城
CHANGCHENG

责任编辑：张　瑞　　　　　　　　责任校对：毛季慧
封面设计：一壹图书　　　　　　　责任印制：邱　莉　胡丽平

出版：长江出版传媒　　长江文艺出版社
地址：武汉市雄楚大街 268 号　　　邮编：430070
发行：长江文艺出版社
http://www.cjlap.com
印刷：武汉鑫兢诚印刷有限公司

开本：640 毫米×970 毫米　　　1/16　　印张：8.75　　　插页：4 页
版次：2024 年 6 月第 1 版　　　2024 年 6 月第 1 次印刷
字数：68 千字

定价：25.00 元

● 长城秋景

● 泰山日出

● 武陵源百龙天梯

● 九寨沟

● 都江堰

● 金沙江

目录

001　长城（上）

013　长城（下）

024　泰山

032　武当山古建筑群

041　黄山

051　青城山与都江堰

066　大足石刻

078　峨眉山和乐山大佛

091　云冈石窟

102　九寨沟风景名胜区

111　武陵源风景名胜区

121　黄龙风景名胜区

129　云南三江并流保护区

长城（上）

　　长城，诞生于公元前 700 多年，几乎伴随了中国封建社会发展的全过程。它是世界上有史以来最长的一道军事防御工程。它蜿蜒曲折，像一条巨龙，跨越崇山峻岭，江河湖海，横卧在中国北方的土地上。它的总长度几经变化，全部加起来超过了 5 万千米。

　　今天，长城作为中国的象征，热情地迎接着来自世界各地的朋友。这些游客们可能并不知道，他们脚下的这些砖石，其实非常年轻。真正古老的长城，有着完全不同的面貌！

在中国这片古老的土地上，日出而作、日落而归的农耕生活生生不息地持续了近 3000 年的历史。公元前 1046 年，诞生了一个新兴的国家——西周。

　　西周依托黄河流域而建，地处中原。国土四周

烽火台

分布有氐、夷、羌、戎等众多的少数民族部落。

为了有效地保卫国土、防御外敌入侵，西周军队开始不断地修筑土堆。这种土堆在当时有一个形象的名字——烽火台。

烽火台以夯土构筑，看似土堆，实际上却是一套先进、实用的烽燧系统。烽和燧外观相似，功能却不同。日间点燃，以烟报警叫"燧"；夜间点燃，以火为号叫"烽"。

在已出土的汉代书简中记载了当时烽燧系统的分布规律。烽相距平均40到50米；燧则要密集得多，相距只有10米左右。点燃的烽火，可以在24小时内横越1000多千米。在最短的时间内，向援兵发出报警信号。

西周的最后一个帝王——周幽王，为博得美人一笑，竟把烽火台当作玩物，无故燃起火光，引来四面八方的援兵如热锅上的蚂蚁，乱成一团。美人笑了，西周的运数也到了尽头。公元前771年，西周灭亡。

在给后世留下"烽火戏诸侯"的笑柄之后，当时先进的防御系统——烽火台也流传了下来，它成为长城最早的雏形。

西周灭亡后，中国进入了四分五裂、诸侯割据的春秋战国时期。各个诸侯国居住的领地，有明确的划分，也需要自我防护。于是，他们筑起一道道高墙，将自己的居住地围在中间。

当时中国的北方，居住着许多游牧民族。他们没有耕地，逐水草而居。旱季到来，为了生存，牧民们便骑上快马，闯入中原地区掠夺粮食。游牧民族飘忽不定的行踪和迅疾猛烈的攻击力，总是令中原边疆的农民甚至军队，束手无策，叫苦连天。

为了阻挡游牧民族的进攻，中国北部各诸侯国开始用墙将烽火台加以连接，来保卫家园，这样就形成了早期的长城。

从春秋战国时期各诸侯国开始修筑长城时起，

"长城"这个伟大的军事防御体系，就在中华大地上不断地重复着重建与毁坏的历史。没有人知道到底有多少长城遗址散落于山川之间，静静地等候着人们发现。

长城实在是太古老了，自公元前5世纪的战国时期，它便屹立在中华大地上，无声地见证着无数王朝的兴衰成败。

公元前221年，秦始皇统一了中国，建立起中国历史上第一个统一的中央集权的封建王朝。他自称"始皇帝"，期盼着秦王朝将成为二世、三世、四世，直至万世永继的铁打江山。

秦始皇很清楚，游弋在北方的草原民族，是帝国存亡的最大边患。从公元前214年开始，他便下令拆除诸侯国之间相互防范的长城，把原来燕、赵、秦三国专门用来对付游牧民族的旧长城，进行修缮、连接，并在北部边疆的其他地方增修新的长城。

7年后，一条西起陇西临洮、东到辽东，长达5000千米的长城完工了，这成为名副其实的万里长城。

根据史书记载，秦朝参加修筑长城的军队约40万人，除此之外，还征用了50多万民夫，包括囚犯、贫民、女子，总人数近百万。当时，秦朝有2000万左右的人口，根据这个数据计算，每20个人中就有

修建长城

一个人参与了长城的修筑。可以说，秦始皇是动用了整个国家的人力和物力才完成这项伟大的工程。

长城修好后，秦始皇还调派了 20 万军队进行守卫。驻军分为两种，一种是从当地直接招募的，另一种则是不远万里从中原地区征调来的。根据秦制，驻守长城的部队除了确保边塞安全外，还需要负责长城的维护和修缮。

为了解决庞大驻军的生活需求，守卫长城的士兵被要求一边戍边，一边垦荒耕作。公元前 178 年，军需屯田的制度正式在北方边郡推行。这种方式，不仅解决了军队自身需要的口粮，而且有盈余，达到一人耕作，能够养活两个甚至三个人的水平。屯垦戍边的生活，日复一日，年复一年，很多人再也不曾重归故土。

为了排解心头的寂寞和孤独，很多士兵都在长城脚下成家立业，娶妻生子。家的存在，让长城有了鲜活的生命。

秦始皇以举国之力，终于让万里长城横亘在中华大地上，他和被他消灭的六国诸侯一样，试图用长城将自己的国家围起来，以城为国，将敌人拒之墙外。但伴随这一伟业而来的强征暴敛，也激起了老百姓的不满和愤怒。

山海关号称"天下第一雄关"。在距离关城十几千米外的一座小山上，建有一座孟姜女庙。这座庙已经有 1500 多年的历史。庙里供奉的不是释迦牟尼，也不是玉皇大帝，而是孟姜女，一位普通的民间女子。

庙里的古树上，系满了红色的祈福带，它表达了人们对孟姜女的敬重。

相传，孟姜女的丈夫被官家拉去修长城，一走数年没有音讯。于是，孟姜女带着亲手缝制的寒衣，走了上千里的路，去寻找自己的丈夫。可是，当她赶到工地时，丈夫早已成为一堆白骨。孟姜女哭了，她的眼泪化作滔滔的洪水，冲垮了长城。

孟姜女

　　秦始皇修长城是要保卫国家的安全，可他万万没有想到，长城可以挡住异族的骑兵，却挡不住孟姜女的泪水。当然，这只是个传说。事实上，失去了人心，长城修得再高也是枉然！

　　秦始皇死后不到 7 年，农民起义军便摧枯拉朽般地攻入咸阳。秦王朝的万世基业只传了一代，便在秦二世的手里彻底崩溃。

　　秦朝灭亡了，真正留存百世的是长城。遍体鳞伤的长城，见证了秦王朝的没落，也见证了汉王朝的崛起。很多人看了北京八达岭的长城，以为长城就是这个样子。其实，长城的形态五花八门，并没有一个固定的模式。

汉长城既不同于秦长城，也不同于后来的明长城。除了实体的墙，它还包括一条由众多烽燧组成的烽燧线。也就是说，墙体和延伸的烽燧线，共同构成了与众不同的汉长城。

汉朝建国之初，北方的匈奴趁着中原战乱，深入长城之内达三四百千米，不断进行侵袭，威胁着这个新生的王朝。

经过70多年的休养生息，汉朝国力逐渐恢复。雄才大略的汉武帝开始一边征伐匈奴，一边大规模地修筑由甘肃到新疆罗布泊的烽燧、亭障。这就是留存至今的汉长城。这条烽燧线与历朝历代修筑的长城相连，总长度达10000多千米。它起始于玉门关以西的罗布泊，向东一直延伸到鸭绿江，是历史上分布地域最广、跨度最长的长城。

汉长城在全盛时期几乎毫不间断地穿越甘肃、内蒙古、河北、辽宁的广大地区。

甘肃省玉门关保存有汉代烽燧。在这里，除了烽燧之外，考古队员们还发现了一种特殊的文物——积薪。积薪就是分堆存放的容易点燃的柴草。戈壁滩干旱少雨，时隔两千多年，这些柴草依然保存完好。

当年，在此驻守的士兵提前将积薪规律地分布于烽燧附近。一旦发现敌情，他们可以迅速地将柴

积薪

　　草放进笼筐，系在长杆上点燃，以烽烟为号，通知周围的诸侯国前来救援。

　　除了积薪，甘肃省敦煌市博物馆内，还保存着一种叫"引火苣"的文物。这种将易燃柴草捆扎成束的工具，起引火的作用。士兵们就是用它来引燃笼筐中的大堆柴草。而巨型引火苣，则是为了点燃置于高处的柴草。

　　在沙漠里修长城，只能就地取材。所以，汉长城大量使用戈壁滩上取之不尽、用之不竭的黄沙、泥土和砾石。戈壁滩上丛生的芦苇、红柳和胡杨，也被当作了现成的建筑材料。

随着汉武帝东征西伐，汉朝国力日益强大，疆土从中原地区扩展到西域一带。凭借长城的保护，中原和西域乃至中亚、西亚的贸易往来日渐兴盛，沿着长城的轨迹，形成了著名的"丝绸之路"。

西来的客商把美玉、香料，连同宗教、音乐，源源不断地输往中原；中原的丝绸、火药、指南针也通过这条路，运往世界的四面八方。这时的长城，不但是保卫"丝绸之路"的屏障，更成了连接中原和西域友好往来的纽带。

与汉王朝对峙多年之后，一向彪悍好斗的匈奴，也不得不面对和承认摆在他们面前的现实，低下了傲慢的头颅。匈奴王派出使者，向汉朝的皇帝提亲，要和汉王朝结成儿女亲家。

公元前33年，年轻貌美的王昭君肩负着和亲的重任，万里迢迢，嫁给了当时匈奴的首领呼韩邪单于。

深受宠爱的王昭君，被呼韩邪单于封为"宁胡阏氏"，意思是希望她给匈奴带来和平、安定和兴旺。王昭君不负众望，在她的影响下，匈奴和汉朝六十多年无战事，双方一直保持着良好的关系。一个弱小的女子，用她的美丽、善良和智慧，休兵罢战，化干戈为玉帛，为长城两边的百姓带来了半个多世纪的和平与安宁。

青冢

　　传说，上图便是王昭君的墓，人们称它为"青冢"。它寄托着后人对昭君的思念，也记录下一段"万里和亲，昭君出塞"的千古佳话。

　　公元7世纪初，李唐王朝建立。唐太宗李世民开创的"贞观之治"，奠定了唐帝国近300年的宏伟基业。唐朝不仅是东方，而且是当时世界上最文明强盛的国家。他们以更加开放的姿态，把眼光投向了长城之外。

　　原本，唐朝强大的国力，就是一道令人望而生畏、难以逾越的"万里长城"。天下太平、国泰民安，便无须一砖一瓦、一城一墙。因此，唐朝不是修不起长城，而是无须修筑长城。这种自信和底气，来自一个泱泱大国强盛的国力和宽广的胸怀。

万里长城，因战争而生，因和平而终。今天，它的军事作用被废弃之后，长城便成了一个文化符号以及和平、非战的象征。长城老了，但它的历史和故事还远没有结束……

长城（下）

　　建于公元1368年的明王朝已经完全没有了唐朝的辉煌和气魄。修建长城不仅被重新提上了议事日程，而且在公元15世纪中叶后，发展到了登峰造极的地步。

　　明朝建国之初，被推翻的元朝残余势力退回到塞北，却依然保持着强大的军事实力，时常侵扰边疆，掠夺百姓。为此，明朝开始对长城进行了断断续续的维护和修缮。

　　这次重修长城的工程，包括山海关。这座成为万里长城形象代表的重要关城，由明朝大将军徐达亲自选址并建造完成。

　　随着草原上蒙古族各部落军事实力日益增强，明朝北部边防压力变得越来越大。

　　公元1449年，蒙古瓦剌也先部再次进攻明朝。明英宗朱祁镇率50万大军，北出居庸关，御驾亲征。

　　居庸关，万里长城上最负盛名的雄关之一，自古就是位于北京西北的重要屏障。朱元璋灭元之后，元顺帝虽然被赶出了大都，但仍想卷土重来，收复失地。居庸关是他南下的必经之路。明英宗统帅的大军，在一个叫作土木堡的地方与瓦剌也先部相遇，明军惨败，明英宗被俘，数十万明朝军队全军覆没。

　　土木堡之败成为明朝历史的转折点，从此，明朝开始调整防卫策略，再也不敢轻易出兵，而是选择龟缩于中原。公元 1568 年，在镇守边关的将领、蓟辽总兵戚继光的建议下，明朝开始大规模重建和维修长城。日益羸弱的明王朝，希望以长城为屏障，遏阻剽悍勇猛的蒙古骑兵南下。这次重建成为中国历史上最后也是规模最大的一次对长城的修筑。

居庸关全景

　　鼎盛时期的明长城东起鸭绿江，横贯今天的辽宁、河北、天津、北京、内蒙古、山西、陕西、宁夏、甘肃九个省（自治区、市），一直延伸到甘肃嘉峪关。

　　大规模重建、维修长城，势必需要大批士兵。明朝通过严格的国家兵役制度，将湖、广两地的人强制北迁，以便重建并驻守长城。

　　驻军除了负责重建长城，还要负责辖区内长城的维修。为了便于管理，筑城工程被分为若干个标段，各有管辖，并且在不同标段间设立界碑，以便分工负责。

　　在中国历代的长城中，明长城的工程最为坚固，军事防御功能也最为完善。从一开始，长城的主要功能就是着眼于对骑兵的防御，到了明朝依然如此。

因此，"因地形、用险制塞"是修建长城的基本原则。

"因地形"，要求这道用人工垒城的办法构筑起的雄伟的军事防御工程，在山地，要踞于峰峦之脊；在平原，要扼守要冲之地。

"用险制塞"的"险"，包括了险要的地形和险恶的生存环境。除了依山傍水，利用天然险阻修墙筑城、抵御强敌外，还可以依托长城控制水源、绿洲和交通要道、隘口，使来犯之敌因为得不到补给，被迫放弃进攻。

明朝万历年间，蒙古族俺答部与明王朝议和互市，北方边境稍微安定。此时，东北边境的女真族成为明朝边患的主要根源。

为了防范女真族的进攻，更多的人力、物力被投入到长城的重建和维修上。边关大将、蓟辽总兵戚继光，亲自勘查和确定了拱卫京畿段落的施工方案。从山海关到居庸关，600多千米的长城上，每一处都留下了他的足迹，浸透了他的心血和汗水。

金山岭是戚继光督造的长城中最成功的一段，修筑得坚固结实，以完备的军事设施、精巧的建筑设计、险要的山地形势著称于世。戚继光最富创造力的杰作便是在长城上修建空心敌楼。下图中是金山岭长城最有代表性的一座敌楼建筑。敌楼为砖石

金山岭长城上的空心敌楼

结构，南北宽 9.7 米，东西长 10.5 米，通高 9 米。

敌楼墙体内用石块、土、白灰混筑，楼内地面铺方砖。东西各有 1 个拱门，四面一共 11 个箭窗，楼梯设在东面。楼上是砖结构的堡垒式掩体，通称"库房楼"。

金山岭短短 10.5 千米的长城沿线上，建有 67 座空心敌楼。这些敌楼的修建，巩固并强化了长城的防御功能。

很多人只知道长城是世界上最长、最大的军事防御工程，但是，对长城的防御体系到底有什么特点，却是雾里看花，若明若暗。

其实，长城从诞生的那天起，就不是一道孤立的城墙。除了烽燧、城堡等设施外，在重要的防守地段，它还以城墙为支撑点，构筑起纵深防御工事。

金山岭长城上就保存着一处较为完整的纵深防御体系，只是它被杂草树木掩盖，很多人将它遗忘了。

整个防御体系以被称作"库房楼"的敌楼为核心，外围包括三道军事防线，共同构建起立体防御体系。

库房楼西面的一座山梁上，砌有一道南北走向的高大城墙，叫"支墙"。支墙上筑有两座高大的敌楼和用来施放火炮的炮台。库房楼左右两侧200多米远的山头上，各筑了一个圆形瞭望台，可以及时观察远方的敌情。

支墙与库房楼相通，遇到攻击，防御者不但可以利用支墙进行机动，还可以对入侵之敌形成腹背夹攻、合击之势。这道支墙使长城摆脱了一线式防御的被动模式，成为敌楼的第一道防线。

在库房楼外侧50多米远的半山腰上，有一道用石块砌成，长200多米、高2米的挡马墙，它可以阻挡敌方骑兵的攻击。这是库房楼的第二道防线。在库房楼外侧紧靠楼脚下，有一个长15米、高2米的半圆形战台，战台上设有密集的射孔，这是库房楼的第三道防线。这种点、线、面相结合的立体防御工事，易守难攻。

河北省秦皇岛市抚宁区北部的三座地堡式防御

工事，从未见于文献资料以及历史调查记述。考古队员们的这次发现填补了长城防御设施类型的空白。这一防御设施的发现充分证明，长城作为世界上有史以来最长的军事防御工程，绝不仅仅是一道城墙那么简单。

从某种意义上说，长城就是一座砖石砌成的保护墙。明朝修筑长城使用的原材料，大多是砖块和石头。石头分为片石、块石、条石，层层堆积之后，再往上砌砖。砖块则由专门的窑洞烧制。

当年烧制长城砖的窑，有些还完好地保存在乡间。河北省秦皇岛市板厂峪村就发现了一处明长城砖窑群。根据考古挖掘和探测，专家发现，这片农田下，埋藏了66个明长城砖窑。挖掘工作结束之后，为了便于保护，工作人员对绝大部分砖窑进行了回填，只有两个留在外面供人们参观。

据了解，一口窑产砖量在5000块左右。修筑一米长城，需要1窑砖；如果加上墩台和关城，则需要大概1窑半砖。明长城东部长1500千米，以此为例，计算下来，需要200多万窑、120亿块砖。

除了普通的长城砖，山海关罗城的城墙上还保存有大量文字砖。这些青灰色的砖，质地坚固厚重，侧面模印有凹陷的阴文。虽然经过常年的风化，很多字迹变得模糊了，但是仔细辨认，还是能够看出其中的一些文字。

有文献记载，万历十二年，也就是公元1584年，滦州是砖块的主要生产地。从这点可以看出，当年筑城的大多数人都是当地的驻军。

砖石是修筑长城的主要用材，却不是唯一用材。长城墙体在建造过程中，依据因地制宜的原则，采用了五花八门的构筑材料和形式。

白羊峪长城界碑以东使用紫红色大理石，形成了罕见的大理石长城。赤城独石口段的山上，还保存有一段长达1000多米、由红色片石垒砌而成的长城。石片间没有使用任何黏结的材料，完全依靠巧夺天工的垒砌工艺修筑而成。

甘肃省境内保存的明长城，很大一部分是由黏土混合沙砾垒砌而成。野麻湾段的明长城，因为北方干旱少雨，历经数百年而不毁，绵延不绝，令人啧啧称奇。位于董家口的长城，则利用了天然崖壁。光滑的墙面兀立陡峭，一夫当关，万夫莫开。

长城不仅仅是一道古代的军事防御工程，同时也是一处巧夺天工的文化景观。

明朝在长城的修建上费尽了心机，但遗憾的是，牢固的城墙并没能阻挡住清军入关的铁骑。1644年

董家口段长城

4月24日，满族将领多尔衮率领15万清军直扑长城九门口，突破山海关，直逼北京，夺取了政权。明朝的最后一个皇帝朱由检，绝望之余，吊死在皇宫后面的景山上。

明朝亡国的教训，让入主紫禁城的新主人产生了太多的疑惑。长城真的能阻挡外敌的入侵吗？那些冰冷的砖石、泥土，真的能保护黎民百姓不受侵犯吗？

17世纪中叶，野心勃勃的沙皇俄国不断派兵侵入中国的黑龙江流域，企图霸占原本属于中国的领土。

雄才大略的康熙皇帝亲自决策、指挥了反击俄国侵略者的战争，清军在雅克萨大败敌军，沙皇政府被迫议和。1689 年 9 月，中俄双方代表签订了《尼布楚条约》，划定了两国之间的边界。

战事虽停，边患未绝。1691 年，驻守古北口的总兵向朝廷提议，为防止沙俄卷土重来，应拨款维修加固长城。没想到，康熙皇帝对这个问题有着完全不同的看法。他认为扫平边患意在守国，但是守国之道不在于修长城，而在于"修得民心"。

应该说，康熙皇帝确实是一个富于远见卓识的政治家和战略家。在修长城和修民心之间，他选择了修民心。在康熙的眼里，民心的服帖和归顺，才是扫平边患、护卫江山的真正长城。

长城可以不修，边患却不能不防。为了彻底解除沙皇俄国侵扰中国北部边境的隐患，康熙皇帝通过军事威慑、和亲联姻、经济援助和宗教传播等手段，让北方草原上凶猛剽悍的蒙古铁骑，变成了沙俄南侵中国不可逾越的长城。

没人能够统计出来，历史上到底有多少士兵被派去驻守长城。士兵们守望着边疆，也守望着远方的家园。守望被时光凝固，风化成永恒的雕塑。

长城，历经数千年烽火的洗礼，在见证人类文明发展史上辉煌和光荣的同时，也目睹着令后世难以忘怀的灾难和伤痛。今天，当战火硝烟终于散去，长城依然在群山之巅飞奔腾跃。那种气势，犹如远古传来的一声长啸，电光石火间带着掀动天地的力量，这就是长城之歌！

泰　山

二三十亿年前，这座大山就稳稳地屹立在中国东部平原上。它那完全由岩石构成的巨大山体，清晰地记录着地球的沧桑变化。

远古部落首领在这座山顶上燃起干柴。这一刻，他的权力得到了上天的恩准。这座大山被历代帝王视为通天的神山。

今天，人们仍然相信泰山就是仙境的入口，灵魂最终会回归到这里完成生命的轮回。

泰山，位于中国山东省中部。它东西延绵200多千米，南北宽约50千米，盘卧在方圆426平方千米的土地上，最高海拔1545米。

远古时期，中国的先民们认为天地是靠五座大山撑起的。人们尊称这五座大山为"岳"，其中的东岳就是泰山。

岱庙

　　泰山，高耸在广阔大地的最东端，最先迎来初升的朝阳，人们相信生命就从这里发育的。因此，泰山更被尊称为"五岳之尊"。

　　在中国的神话里，泰山是通达天意的祭台。传说中，远古的72位帝王，都要在泰山上举行一种叫作"柴望"的祭天仪式。当干柴燃起的火焰与浓烟升起的时候，皇权才真正获得上天的恩准。

　　岱庙，建于泰山脚下，主体古建筑集中在一条南北纵深405米的中轴线上。这里曾经是中国历代帝王封禅、祭祀泰山神的地方。

公元前219年，中国的第一位皇帝——秦始皇来到泰山。按照远古传说，秦始皇亲自在山巅上堆土祭天，在山脚下扫土，表达对土地山川的敬意。这就是神秘的"封禅"仪式，秦始皇要通过泰山，昭示天下：自己的皇权是来自上天的赐予，神圣而不可侵犯。从此，泰山成为皇家独占的"帝王山"。

公元1008年初冬，经过17天的跋涉，宋朝皇帝赵恒率领一支朝拜队伍来到岱庙。赵恒扬言，是出现在他梦中的神灵，指引他要去泰山，接受上天的旨意。

赵恒期望以盛大的封禅仪式，显示出帝王的威严，证明自己的皇权来自上天，永远不会动摇。虔诚的敬意换来了泰山神一纸护佑皇家的天书。天书是早由臣子们按照皇帝的意思写就的。赵恒接拜天书的那一刻将封禅的仪式推向了高潮。

保存至今的巨幅壁画——泰山神起跸回銮图，就是以赵恒封禅时的场景为蓝本而绘制的。他双手举圭于胸前，神情虔诚。威武的大将军，引领着前方的清道大军。文官，面容谦卑；武官，气宇轩昂，层层追随在他们的帝王身后，这的确是一个宏大的场面。

云步桥

供奉着泰山神的"天贶殿"，九开间、五进深，立柱林立，装饰华丽。天贶殿是岱庙的主殿。这座古老的建筑置身于高大、宽阔的台基之上，双层屋檐、四坡屋顶，与中国皇帝的宫殿同等规格，成为中国现存的古代三大宫殿之一。

岱庙，这座泰山神灵的宫殿，因为 1000 多年前，一个皇帝的梦想，为我们呈现出今天这般规模。

穿过岱庙从一天门起，就真正开始了登山之路。这里道路平整，气氛宁静。沿途的碑刻渗透着古人文雅的情趣，古意盎然。

跨过山谷中的云步桥，道路逐渐陡峭。"霖雨苍生"，这刻在山崖之上的四个大字，提醒着登山的人们：清澈的山泉可以洗涤心中的杂念。

到达升仙坊，地势猛然抬升，将近1000米的盘道，都是45度以上的斜坡，这就是泰山著名的十八盘山道。在这极富节奏感的攀登过程中，人们胸怀"朝天"的心境，体会到逐渐接近天顶的强烈观感。只有走过这段艰难的旅程，才能到达灵魂向往的地方，仿佛咫尺间便是天上人间的分野。

跨过南天门，沿着山脊往前行进，人们便迈入了天上的街市。仙境是人间的想象，但是在泰山极顶，却能够在天上的街市中漫游。

泰山，一座兀然而庞大的山岳，从平坦的大地上拔地而起，巍然耸立。山体岩石的形态和纹理，是25亿年前地质年代留下的痕迹，清晰地记录下了地球生命的步履。保存完好的三个地质断层，则更像它那壮伟身躯的胎记，记录着泰山沧海桑田的巨大变迁。

公元1790年的春天，泰山迎来了一位特殊的"游客"。他就是80岁的乾隆皇帝。乾隆穿着文人的服饰，登上泰山，要做一件不同于过去帝王的事情。他将一首赞美泰山的诗词镌刻在一块高30米、宽12米的巨石上，这成为泰山主峰最大的摩崖石刻，俗称"万丈碑"。诗词是乾隆亲自写的，他得意地宣称：自己为泰山这幅巨大的山水画，盖上了一方印章。

泰山，不仅有皇帝和神仙，还充满了思想和诗意，历代的知识分子也开始在登临泰山时留下许多诗文碑刻。在这些石碑上不但展现了精美的书法艺术，更记录下不同时期的中国知识分子面对泰山所发出的人生感慨。

2500 年前，中国最伟大的思想家孔子就出生在泰山附近。传说，孔子年轻时就是从这里攀登泰山的。

泰山孔子登临处

他登上泰山之巅，俯瞰群山，天地一览无余。后来的人们根据这段往事在泰山的顶上建起了一座孔庙，希望他所倡导的道德伦理观念，能够长存天地之间。

千百年以来，各种宗教也在泰山燃起了信仰的香火。其中，道教配合着帝王的封禅活动率先来到泰山。道教——中国固有的传统宗教，因为以"道"作为最高信仰而得名。

立于泰山之巅的玉皇庙，耸立在所有庙宇之上。它始建的年代已无从可考，现在的规模是公元1483年明朝政府动用国库的资金所重新扩建的。主殿供奉的是玉皇大帝，他是道教中掌管天界、人间和地狱的最高天神，拥有着人间帝王般绝对的权力。

西殿则供奉着道教中一位专管天上、人间财富的神仙。财神爷手捧着金元宝和玉如意，是中国民间普遍供奉的神仙之一。最奇特的是，财神爷的对面——东殿——供奉的却是佛教的观世音菩萨。观世音，这位美丽慈慧的佛教女神，曾发下一个宏愿：无论我在何处，世间即使有一个人还没从苦难中解脱，我也誓不成佛。

公元6世纪，一位叫安道一的高僧来到泰山，传教弘法。他将佛教经典之一的《金刚经》，用大字体整部抄写在宣纸上。安道一想改变以往用纸质经书传法的方式。他立下宏愿，要尽自己一生之力，将这部手书的《金刚经》镌刻在泰山之上。他每写下一段佛经，弟子们就在巨石上凿刻出一个个大字。这个艰辛的工程持续了几十年。

最终，一整部佛经铺陈在两千多平方米的巨石之上。这就是现在泰山上，被誉为摩崖石刻鼻祖的"经石峪"。刻于高山，永留不绝——这块摩崖石刻，让人们感受到了宗教精神的震撼之处。

矗立在中国最东方的这座大山，一座最早看见太阳升起、最早迎接光明的露天圣殿。每一个日出时分，太阳将天地连为一体，大地万物被赋予新的勃勃生机。

5000年来，泰山以它伟岸的身躯包容了中国人心中所有的虔诚。最终，它成了一座民间信仰造就的精神大山。

武当山古建筑群

中国人对于自然的理解和尊重，可以追溯到对"道"的信仰。"道"字，在中国最古老的象形文字中，被形象地描述为人在路上走。

老子，这位充满智慧的东方哲人，赋予了"道"一种崭新的含义：道如同天地的母亲，世界的本原，它空虚无形，却独立存在、运转不止、永不改变，它是天地万物发展变化的自然法则。遵循自然，就是尊重"道"的轨迹，这样万物才能完美与和谐。

后来，以"道"为信仰，融会多种中华文化产生了道教。作为中国唯一的自创宗教，它与佛学和儒学三足鼎立。几千年来，道教深刻地影响着中国人的生存理念。

在道教几千年的悠久历史中，留下了众多传经布道的场所，而武当山就是其中最为著名的皇家道场。这座有着辉煌身世的山脉，在中国道教中的位置至高无上，被人们尊称为"仙山"。

武当山位于湖北省十堰市。当年在此得道升天的净乐国太子被后人尊称为"玄武大帝"，武当山也因为"只有玄武才可以当之"的意思而得名。这里有着中国迄今为止规模最庞大、历史最古老的道教宫观建筑群。

中国有很多道教名山，为什么武当山的宫观天下无双呢？是谁在这陡峭的群山之上修建了这些规模宏大的道教宫观？

武当山的大规模兴建，来自一个著名的历史事件。公元1398年，明朝的开国皇帝朱元璋驾崩，皇太孙朱允炆即帝位，为建文帝。为巩固皇权，建文帝决定向势力最强大的燕王朱棣开刀。朱棣得到消息后，立即举兵反抗朝廷。公元1402年，朱棣率军攻入当时的首都南京，登基称帝，为明成祖，年号永乐。燕王进京后，建文帝朱允炆在一场弥漫宫中的大火中下落不明，成为历史上永远的悬疑事件。这次事件，就是中国历史上著名的"靖难之役"。

夺取了侄子皇位的朱棣内心并没有因此安定，他深知自己的行为严重违背了封建伦理道德，给政权的稳固埋下了隐患。如何才能让天下归心、江山永固呢？期望名正言顺的朱棣反复思索，他想到了一个重要的人物。

他，就是被后人尊称为"真武大帝"的净乐国太子——玄武。在武当山得道成仙后，玄武成了道教神灵体系中地位非同一般的重要人物，镇守着北方。按照道家五行学说，北方属水，因此，玄武又被称为"水神"。水与农耕生活密切相关，对于无法驾驭水又期待幸福生活的黎民百姓来说，水神玄武，自然成了人们最为看重的神灵。

到宋朝时，宋真宗为了避讳圣祖赵玄朗的名号，改玄武为真武，真武大帝的名号就这样被沿用下来了。

真武崇拜既有民间基础，又有皇室传统，对于朱棣来说，是个不可多得的重要人物。至于真武修行的这座名山，对此，朱棣心中有着更加宏大的蓝图。

武当绝顶，苍茫辽阔。放眼俯瞰，周围群峰中仿佛能听到冥冥之中的召唤，自然地传向一个中心——海拔1612米的天柱峰，如同众星拱月般傲立。这种奇观，被称为"七十二峰朝大顶"。因为峰顶的形状仿佛熊熊燃烧的火焰，所以武当山又被称为"火形山"。

"水在火上，天下既济。"按照道教的五行学说，只有水火调和适当，天下才能风调雨顺，所以，选

武当山天柱峰金顶

择水神真武坐镇在这火形山上，充分表达了古人对于天下太平的渴望。

就在获得皇权后的第十年，朱棣以"君权神授"之名发布圣旨，昭告天下："我听从真武大帝的命令，自北京起兵，东征西战。能够取得皇位，既顺应了真武大帝的旨意，又归功于真武大帝的保佑。为酬谢真武、报答神恩，应该振兴真武大帝的道场，大修武当仙山。"

南岩是武当三十六岩中风景最为优美的。远望南岩，一组奇巧的建筑自然地利用悬崖山石，巧妙地镶嵌在陡峭的岩洞之中，浑然天成，仿佛空中楼阁，屹立在万丈绝壁之上。

　　就在这危岩峭壁之上，坐落着著名的天乙真庆宫石殿。石殿是石砌仿木结构，全部由巨石精雕细琢而成，是世界上罕见的大型石雕艺术精品。石殿的尺寸大小完全根据岩壁的间隙来确定，浑然天成，毫无突兀之感，是具有明显的尊重自然、亲近自然的道教建筑手笔，也是整个建筑群道法自然的代表作品。

武当山南岩

与南岩遥相呼应的是展旗峰，它因形状酷似一面随风展开的旗帜而得名。左右有雷神洞和蓬莱第一峰护持，面前是一泓清澈见底的池水，如此地形，背山面水、负阴抱阳，完全符合道教文化中所描述的风水宝地。它在中国道教七十二福地中位居第九。

紫霄宫，坐落在展旗峰下。它是目前保存最完整的宫殿之一，因为武当道教为历代皇家祈福的地方，紫霄宫也成为武当建筑群的重要组成部分。依顺山势由低至高的三层崇台，将紫霄殿推到了雄伟的展旗峰下。仰望大殿顶部，彩绘缤纷，富丽堂皇。36根杉木巨柱，高高地支撑着整座大殿，昭示着36颗天罡星宿甘愿为真武大帝效力。

按照朱棣的要求，峰顶的建筑完全按照北京紫禁城的规格进行修建。大殿仿照紫禁城的太和殿建造，它采用了中国古代建筑中皇帝才可以使用的最高规格，重檐庑殿、九彩斗拱，还有明亮的镏金处理，气势恢宏。然而，体积如此庞大、结构如此复杂的金殿，是如何在峰顶建成的呢？

工匠们仿照木建筑的结构，用300吨精铜铸造了3600多个榫卯结构的精巧铸件。到山上后，再把铸好的构件插合在一起，一座巧夺天工的铜铸镏金大殿就这样屹立在了万山之巅。

紫霄殿一角

这些精密的铸件连接得丝丝入扣、天衣无缝，丝毫没有铸造的痕迹。即使殿外山风呼啸，殿内依然密不透风，燃烧的香烛火苗平静安详、纹丝不动。

为了保护金殿，锁定山顶的风水布局，公元1419年，围绕金殿修建的紫禁城开始动工。

依照道家顺应自然的思想，工匠们采取了曲线的建筑手法以顺应山体的走势，人工的城墙与天然的山势融为一体。为了消除曲线建造所带来的遗患，这些巨型条石都按照从小到大的顺序，依次堆砌成梯形。这种堆砌方法，保证了重力极大地向中心聚集。因此厚重踏实的墙体，坚固如初地抵挡了数百年风雨。

金殿是降落凡间的天上瑶台金阙，是真武大帝在人间的居所，里面当然要供奉真武大帝的神像。然而，谁见过真武大帝？他应该被塑造成什么样子呢？

公元1416年，永乐皇帝朱棣降旨塑真武大帝像，然而，没有见过真武大帝相貌的工匠们塑造的神像皇帝都不满意，眼看着工期一天天临近，工匠们被充军坐牢的不计其数。

一个姓姬的高句丽族工匠师傅终于明白了。原来，皇帝是想要按照自己的样子来塑造真武大帝的神像。

于是，按照永乐皇帝朱棣的样子，一座重达20000斤的真武镏金铜像铸造成功，并安放在了武当山顶的太和宫内。

"真武神，永乐相"的说法，从此在民间流传开来。朱棣终于把武当山变成了专门供奉真武大帝的皇室家庙。在这个"天人合一"的人间神话里，他成功地完成了"君权神授""奉天承运"的政治策划。

武当山几百年的辉煌，照亮了道教文化两千多年的漫漫发展之路，极大地丰富和发展了博大精深的道教文化，留给世界一个华丽灿烂的背影。

大道无形，化育万物。道，这充满东方色彩的

武当山玄天玉虚宫

伟大思想，包容着世界万物的千变万化，凝聚着中华民族的古老智慧，生生不息，运行不止……

黄　山

　　这是一座驰名海外的奇山，几亿年的漫漫时光雕琢了这座神奇大山不凡的身世，谜一般的前世今生赋予了它卓然超群的惊世风骨。

　　奇松、怪石、瀑布、云海，它天生卓越的美貌和瞬息万变的气质吸引了无数迁客骚人。

　　于是，这座大山就变成了中国人心目中最完美的山水长卷。它就是被称为"天下第一山"的黄山。

　　黄山，耸立在北纬30度线上的中国安徽省南部，南北长约40千米，东西宽约30千米，号称"五百里黄山"，它也是长江和钱塘江的分水岭。

　　远远望去，这座大山被大片美丽的自然松林覆盖，陡崖断壁古怪张扬，山谷里溢出的阵阵云雾又充满仙灵之气……于是，这座可望而不可即的大山就有了各种和神仙有关的传说，而其中最著名的就是中国人共同的祖先——黄帝轩辕——在此炼丹升天的传说，这座山也因此得名为"黄山"。

黄山海拔高达 1800 多米，陡峭的山体几乎无路可寻，山上时常弥漫着浓重的云雾，更给它增添了神秘的面纱。古时候，很多人都尝试着走进这座大山，但是多数只能望山兴叹或半途而废。因此，在中国明朝以前，很少有人进入过黄山，也几乎没有关于它的记载，黄山的盖世美景一直掩映在偏僻的山野，直到 17 世纪的一声感叹惊动了世界。

公元 1616 年，发誓要走遍祖国山山水水的大旅

黄山日出

行家徐霞客第一次来到了黄山脚下，这时，他已经步行了整整两天。当徐霞客一路寻踪觅径、费尽周折地攀上光明顶时，已经是精疲力竭，浓郁的云雾遮挡了他的视线，他几乎有些神情恍惚了。当他刚刚恢复些气力的时候，雾气逐渐化开，阵阵山风拂面而来，光明顶上云散日出，一片霞光灿然，徐霞客极目远眺，无限美景扑面而来。

黄山的美景简直让徐霞客目瞪口呆，他连连惊叹："登黄山，天下无山，观止矣！"这样的赞誉，就是日后那句广为流传的"五岳归来不看山，黄山归来不看岳"的出处。

在中国，具有气势的大山才能称为"岳"，中国共有五座被称为岳的大山，而黄山却能集它们的雄伟、险峻、烟云、飞瀑、巧石和清凉于一身，中国人都认为看完五岳之后可以不用看其他山了，而看完黄山后连五岳也不用看了。从此，酷爱山水的中国人再也没有停止过对黄山的钟爱，这座气象万千的大山开始以特殊的角色进入中国文明史，在自然和人文的历史中清晰生动、摇曳多姿起来。

如今，进入黄山的游人络绎不绝。他们欣赏着黄山的绝妙身姿，感悟着黄山无穷的魅力。

黄山以天海为中心，分为前山和后山。前山岩体节理稀疏，岩石多球状风化地貌，而后山岩体节理密集，多是垂直状风化地貌，形成了"前山雄伟，后山秀丽"的地貌特征。就这样，经过大自然亿万年的精心打造，雄浑峻峭、卓然奇幻的黄山终于成为世间难得一见的绝妙美景。

在漫漫的时光里，黄山吞吐的是沧海桑田的博大之气，拨动的是天地间生生不息的生命旋律。山谷间葱郁的自然林与各种动物相互依存，享受着黄山的雨露滋润。黄山的自然环境复杂多样，植物垂直自然带明显，群落完整，是绿色植物荟萃之地，森林覆盖率达56%，植被覆盖率达83%，野生动植物达2000多种。

黄山高耸的山体和贫瘠的岩层土壤孕育出与众不同的动植物，它们有着超乎寻常的形态和独特的生长方式。

石耳，这种生长在悬岩绝壁阴湿处的菌类，形状和木耳相似，一般要六七年才能长成，是一种营养和滋补价值都比较高的食品，但是采摘非常困难。

黄山短尾猴体形高大，四肢粗壮，行动敏捷，毛发呈灰褐色。由于它们长年在悬崖峭壁上生活，尾巴已经退化到不过5至6厘米，是猴子家族中最为珍贵的品种之一。

黄山短尾猴

黄山迎客松

在攀登黄山的必经之路上，有一棵形态如同在招手的松树，参天耸立，它像是一位好客的主人，主动向每一位来到黄山的游人发出问候，它就是黄山迎客松。这棵历经风霜雨雪却在危崖上傲然挺立了千年的松树已经成了黄山的象征。

黄山松是植物学上的一个独立品种，千万年来，它一直是黄山最忠实的伴侣。黄山松成长极其缓慢，通常一棵 2 米多高的树都有着几百年的树龄，海拔 800 米以上的山顶、陡坡、悬崖、石缝和崖壁都是它们生长的地方。

虽然黄山松的生长环境极其艰难，但只要有一点儿生存的可能，它们就要生根、发芽、成长。为了能够汲取岩石深处的养分，在贫瘠的岩缝中存活下来，黄山松的根部要比其树干长几倍、几十倍，而且深深地扎在岩石的缝隙之中，用几乎能将岩石劈开的态势向下生长。对于阳光和水分的渴望，使得黄山松的枝丫都明显地向有阳光的一侧倾斜，在悬崖陡壁上形成了树冠平展的旗形树，这是它区别于其他松树的标志。

黄山松的形态和它的生长经历完全可以解释中国人对于松树非同一般的情怀，在中国人的认知中，松树不仅代表顽强的生命力，还体现着一个人捍守尊严的气节与力量。对于讲究气节的中国文人来说，描画松树就是在表白其内心世界。

徐霞客发现黄山之后，文人墨客便开始陆续登上黄山。他们以中国传承千年的名人雅士风格，期盼着在与山水的交流中，得以慰藉，得以抒怀。

明末清初，曾经想拿起武器抗击满人入侵的渐江最终隐居黄山，重拾画笔。对于渐江来说，黄山是他更改画风的起点，也是相见恨晚的知音。渐江记下了他与大山的对话，以灵性之笔书写着黄山的真性情。黄山上孤立光秃的山峰、奇异断裂的山石和扭曲顽强的松树，恰好映照着渐江在国破家亡后的内心世界。渐江用完全颠覆性的表现手法画着黄山的奇峰异石，展现了他心中那一幅幅的"破碎山河颠倒松"。在中国绘画史上，渐江首先画出了黄山峰石的独特质感。

写意山水画是中国国画的极致表现，其创作追求借景抒情，以有限的画面表达无限的空间，将人的灵感与自然之间的相通，视为创作的最高境界。与西方的绘画不同，中国的山水画不在乎写实，不在乎内容的真实比例，而是强调气韵，而黄山独有的云海就赋予了画卷绝佳的气韵。

当漫山的云烟冉冉升起的时候，大山与云雾的纠缠又开始了，一切如同梦境一般，是山峰也是岛屿，是云雾也是沧海，如临仙境，如梦似幻……

山总是以自然形态取胜，然而形态是有尽头的，黄山却以变化取胜，永无止境。"物我两忘，灵动悠远"，是中国人感受山水的最佳境界，在变化无常的黄山面前，这些得以实现了。所以，是黄山让中国人心有灵犀的艺术灵魂有了相见恨晚之感。瞬息万变的云海和千年耸立的松石共同组成了这人间极致的美景，它让每一位亲身感受到的人都有一种难以抑制的创作冲动，用他们的笔触诉说着心中的感悟。

公元 1655 年的早春，一位年仅 14 岁的少年出现在黄山，他就是画僧石涛。在这之前，石涛的隐居生活几乎不为人所知，他留给历史的就是"搜尽奇峰打草稿"的说法。石涛以一生的时间，感

石涛所绘山水图

悟着黄山独特的气韵，用笔墨画出了黄山山体的虚实隐现、草木枯荣、云雾聚散，画出了天地之元气、黄山之魂魄。他独树一帜、自成一家的画法泼洒出自己心中的山水，也给后人留下了绝世妙笔。

上图就是被后人称为黄山画坛巨匠——石涛的画作，这看似随意挥洒的笔墨是他一生才情的寄托。

黄山天生磅礴的变化之美，难以名状的气韵之美，吸引了渐江、石涛以及那个时代林林总总的人物，他们会聚黄山，共同书写黄山，把自己眼中的山水在心中过滤并表达出来。黄山给予了画家们更多的灵性，他们师从自然的造化，打破中国山水画过去极其务虚的陈旧模式，异军突起。在他们之后，中国的山水画就是一幅更加自然、更加泼墨的大画卷。当时的人们并没有想到，因为这座大山，他们被后人视为一个完整的艺术群体，并被称为"黄山画派"。

抚琴放歌、吟诗作画、寄情山水是中国文人墨客的精神追求。寻觅着天、地、人和谐意境的中国文人，在黄山变化万千的仙灵之气中找到了孜孜以求的心灵图景。他们将黄山独特的气质完美地融合到山水画之中，让山水画更具韵味。于是黄山成为中国人心目中的大山，并成为衡量一切大山美的标准。应该说，是黄山的风骨为中国画增添了无穷的韵味；

也应该说，是中国的艺术使这座山成为一座文化大山。

　　黄山，来自宇宙的永恒力量而造就的山体风骨，就是这般气象万千、风姿卓然，精巧地铺陈了中国人心中的梦想画卷。

青城山与都江堰

　　这是中国西部富饶的成都平原，水遍布在城市和乡村，是平原最生动的表情和息息相关的命脉。

　　水为这里创造了灿烂的文化历史。

　　水为这里创造了无尽的财富。

　　水为这里带来了天地的灵气和永恒的凝聚力。

　　水来自成都西北部的岷江，一座修建于2280年前的水利工程，将丰富的岷江水引到了平原。这座古老的水利工程充满着东方哲学和智慧色彩，直到今天还在源源不断地为成都平原创造着奇迹和世代富饶。

　　公元前4世纪末，大一统前的中国，正处于战国诸雄对峙、激烈兼并的大动荡之中。当时，中国北方的霸主秦国君臣，正在为统一中华进行着一场历史上著名的辩论。在众多攻战主张中，大将司马错提出建议，先攻占南面毗邻的蜀国，并利用蜀国占据长江上游的优势，顺江而下，吞并当时唯一能与北方大国秦国相抗衡的楚国。这个"得蜀则得楚，楚亡则天下并矣"的军事主张，成了这场辩论的结果。这也为跃跃欲试的秦国直接勾画出横扫列国、实现统一的清晰思路。秦惠文王采纳了司马错的军事策略后，在公元前316年，举兵灭掉了蜀国。

公元前280年的秋天，秦灭蜀三十多年后，大将司马错在蜀国的首府成都齐集10万人马，以一万艘战船的浩荡之势从岷江上游出发，顺水进入长江，南下攻楚，实践自己借岷江之势攻楚的军事理念，然而在夺取了楚国的商於，军队却因粮草和兵马补给不足，在商於陷入了瘫痪，无法继续深入楚国。这次战争的失败暴露了秦国利用蜀国作为攻楚跳板的缺陷。因为当时训练士兵，打造兵器，征集军需物资，主要是在蜀国的中心——成都，可是造船和起运却要在岷江上游的汶山进行。兵马从成都到岷江，至少要经过50多千米的陆路，粮草从成都出发也需要数以百万计的劳工在沿途装卸，才能到达码头，这样一来就很难在作战中及时补充兵力和物资。

因此，将岷江改道使其经过成都的想法，在司马错伐楚之后开始酝酿，一项注定将成为人类历史上旷古未有的宏大工程，就这样在公元前3世纪群雄对峙，军事利益高于一切的中国大地上开始了。

公元前272年，30岁的秦国人李冰奉秦昭王之命，一路艰险来到蜀郡担任郡守。按照秦国的耕战文化和司马错的军事思想，这位青年郡守要把自己的属地建成秦国统一天下的战略基地，而当时秦楚两国已经形成了剑拔弩张的对立局面，所以将岷江改道，引水经过成都，使其真正成为一条战争补给线这个计划的实施，最终历史性地落在了这位新任郡守的肩上。

上任后的李冰沿江而上，直抵岷江源头，行进七百多米，开始了水情勘察工作。怎样才能让岷江水持续而又稳定地经过成都，使航道畅通，同时在洪水时不威胁到平原的城市？修建一个引水和控水的工程成了李冰思考的重点。

经过了长达三年的时间，在公元前270年，一部精妙的治水方案终于出炉，方案中提出如果在蜀郡首府成都建立航道，必须先在岷江河道上建一个既能引水又能防洪的水利工程，这个工程是这条战争补给线成功的关键。当时，秦昭王批准了李冰的计划，在连年战争、国力紧张的情况下拨银十万两，并授权李冰全权负责工程的建设。

岷江是长江最大最长的支流，千百条涓涓细流穿过峡谷，千回百转汇成江河，在万壑间奔腾而下，呼啸而出，一入平原就像脱缰的野马般四处奔泻，任意塑造出了宽阔的河床和时分时合的汊道，不仅水势凶猛，而且全年水量不稳定。那么在岷江河道中哪一个位置设置工程才能更好地控制水的流量呢？这将会关系到工程的成败，经过考察，李冰选择了在山丘和平原的分界点上建造都江堰，以锁住岷江的咽喉。

公元前268年冬，李冰率数万民工在岷江河岸动工，工人们用竹片编成笼子，笼内塞满卵石，然后通过渡船将其运输到江心，用整整四年的时间在岷江江心建起了酷似大鱼嘴的分水堤。当江水流至鱼嘴时，自然地分成了内外两江，其中内江为引水河，也就是岷江改道通往成都的工程。这时，李冰遇到了一个棘手的问题，岷江水在坐落于成都平原西北的湔山前戛然而止，这座大山成为内江流向成都平原的天然屏障。而湔山又是江水流入平原的必经之路，怎样才能把水引向成都平原呢？

李冰决定开山辟水路，他要凿开湔山，让江水流入平原，这个决定也就意味着要将一座大山从中截断。但是当时的中国正处于战国时期，那时火药还没有被发明，也没有更多先进的工具，要把大山劈开就只能依靠钢钎和石锤旷日持久地凿打，如果只用这种方法，凿开湔山至少需要三十年的时间，而秦国的统一大业却迫在眉睫。

直至今日，我们都不得不佩服李冰超人的智慧，他想出了一个奇妙的方法，决定对岩石使用火烧水浇的方式。民工们先在湔山虎头岩岩面上架起大量木柴，点火燃烧，一直烧到岩石发红，再用冰凉的江水一瓢瓢泼向滚烫的石面。经过热胀冷缩，岩石迸裂疏松之后，民工们才腰系吊绳登上虎头岩，挥锤凿打，这样一来便大大加快了工程的进度。

光阴荏苒，历经八年，湔山终于敞开胸怀，虎头岩的山体分开了一条宽20米的水路，工程的关键部分——航道入水口的建成，使岷江水进入了平原。后人为了纪念李冰的奇思妙想，把这个入水口称为"宝瓶口"，从此，汩汩清流从宝瓶口奔涌而出，永久性地灌溉着成都平原。

公元前256年，历时十四年之后，世界水利史上的惊世之作——都江堰建成竣工，开始了它对四川平原持续至今的影响。此后，在从成都出川的畅通水路上挤满了船舶，岷江上游沿岸的木料顺水而下被运往成都，制成战船，士兵和兵器都直接在成

都江堰全貌

都集散。

面对岷江水在成都平原上的新开水源，老百姓纷纷主动开挖大小沟渠，把水引向田间，巨扇式的渠网使广袤的平原及其附近的丘陵一改旧貌，短短数十年，就为曾经旱涝无常的四川盆地增加了万顷良田。从公元前230年开始，又有十万秦国人陆续从北方迁往蜀地，与当地居民共同开垦广阔的平原，囤积的粮食使蜀郡成为当时天下最大的粮仓。秦国国力与日俱增，成为当时中国疆土上最强大的王国。

公元前223年，秦国率百万大军从成都顺岷江而下进入长江，势如破竹，一举灭掉楚国，并在两年后统一全国，建立了中国历史上第一个中央集权的帝国王朝——秦。

2000多年后的今天，我们仍然可以看到都江堰历经沧桑的朴素外貌与沉着流淌的汩汩清流。这座最初以战略航运为目的修建的水利工程，在完成了当年的统一大业之后，依然发挥着分洪减灾和灌溉兴利的作用，向世人展示了它不可思议的水利哲学和灵动悠远的灿烂文明。

　　为什么古人因为战争的需要而修建的水利工程，经历了2000多年，至今仍能被现代人使用？工程设计有着什么样的奥秘呢？

　　当时，李冰把都江堰工程的修建选择在岷江河流的弯道处，依据弯道的水流规律将江水引入工程的主体，因此，都江堰工程又分为三大部分——鱼嘴分水堤、宝瓶口和飞沙堰。

　　面对滚滚而下的江水，首先由鱼嘴分水堤把江水分为内外两江，平时六成江水分入内江，以保证成都平原的航运灌溉；夏季洪水到来时，则利用弯道动力学的自然规律，将六成以上的江水泄入外江主流，而后汇入长江，以免成都平原遭受洪涝之灾。同时内江的最终入口——宝瓶口如同约束狂野江水的瓶颈，控制着多余的江水，使其无法进入成都平原，转而从飞沙堰溢入外江，起到二次分洪的作用。

　　不仅如此，今天全世界水利工程都为之困扰的泥沙排放问题，在都江堰工程中得到了最为精妙的处理。在鱼嘴分流的地方，内江处于凹岸，外江处于凸岸，根据弯道的水流规律，表层水流流向凹岸，底层水流流向凸岸，因此，随洪水而下的沙石大部分随底层水流流向外江了。分沙之后仍然有部分泥沙流向内江。这时，河道又利用江水直冲水底崖壁而产生的漩流冲力，再度将泥沙从河道侧面的飞沙堰排走，洪水越大，沙石的排除率越高，最高竟可达到98%。

都江堰工程这巧夺天工的三大部分，首尾呼应，互相配合，成功地做到了防洪排沙。它所蕴含的精湛的水利原理，使其成为世界水利史上的典范之作。

都江堰建成后，李冰还定下每年维修河道的制度，政府组织民工每年利用枯水季节清理河床，清淤时必须要挖到足够的深度，那么以什么深度为标准呢？当时，李冰在宝瓶口前的河床底埋下了石马，每年淘滩时只要看见石马，深度就够标准了。过深，内江进水量大，灌区会受到洪水的威胁；过浅，内江进水量少，灌区会遭受旱灾。到了明代，石马又改成了更加坚固的卧铁。同时在岁修时，还要调整飞沙堰的高度，以确保它既能排沙又能泄洪。

这条"深淘滩，低作堰"的治水经验历经千年至今还被奉为治水经典。千年沧桑之后，都江堰不仅没有衰退成为历史遗迹，其发挥的效用还在与日俱增，控灌的农田从秦汉时代的100万亩增加到了今天的1000多万亩。由于崇尚自然的治水思路以及所蕴含的浓厚的东方哲学色彩，使它在漫长的时代里已经与自然融为一体，浑然天成，所以才能生生不息、历久弥新。

从远古时期的大禹治水开始，中国人就知道了以"疏导"而不是"堵塞"的方式治水。战国时期，道家学说创始人李耳所主张的"道法自然"的哲学思想，被更加明确地体现在同时期李冰的建堰治水过程中，成为治水的最高准则和思想灵魂。

与现代西方水利工程思路不同的是，李冰并没有使用高闸大坝硬性抵挡江水，而是采用柔性结构的竹笼卵石，以柔克刚；而且充分利用了河流的弯道、崖壁的角度所形成的冲力，自然地控制着水量和水流方向。都江堰的工程建设与自然规律达到了协调统一，完美结合。由于工程不追求一劳永逸，取材因陋就简，所以岁修又使都江堰实现了持续更新，体现了因势利导、朴实无华的东方思路。

更值得一提的是，从鱼嘴的无坝引水到整个平原的灌溉，都江堰的设计都采用了有口无闸的自动分水方式，水以自然的行进方式一分为二，二分为四，在广袤的平原上形成了密如蛛网的自然渠系。

水通过宝瓶口持续稳定地流入成都平原，灌溉的便利使辽阔的乡村五谷丰登，人们在栽种粮食的同时，还利用多余的水来蓄塘养鱼。水又作为动力，带动水轮、水磨和水碾，用来加工各种农产品。农业不断发展，手工业也得以繁荣，自古喜欢栽桑养蚕的蜀地农民在蚕茧丰收后办起了缫丝作坊。从汉代起，蜀锦就久负盛名。蜀地所产的漆器和金银器也十分精致，不仅畅销大江南北，还经南方"丝绸之路"远销到了印度和地中海各国。都江堰的建成畅通了从成都出川的水路，使得西南乃至更广阔地域的资源会聚到了蜀国。从现代发掘的汉砖上，我们可以看到当时成都的繁华盛景，引入成都的两条岷江水流——府河、南河上，来往穿梭着全国各地的船只，沟通了长江上下游万里黄金商道。

从都江堰建成开始，秦朝到西汉时期，蜀地经济空前繁荣，人们丰衣足食，盆地之内犹如天之府库，物资取之不竭，用之不尽，被世人誉为"天府之国"，以至于后世的历代王朝都把成都平原视为重要的战略和粮食基地。

公元 207 年，27 岁的诸葛亮就在他那篇著名的

成都平原

《隆中对》中为三顾茅庐的刘备分析天下形势，热情洋溢地描绘"天府之国"沃野千里的景象，力劝刘备定都民殷国富的成都，以实现帝业。诸葛亮认识到都江堰是富庶天府的源头，派出大将马超率1200多人前往都江堰驻军把守，并参加当地岁修，同时还设立官员专管都江堰事务，就是从三国时期开始，都江堰有了延续至现代的堰官制度。

经过汉代之后400年的发展，到盛唐之时，成都已有92万人口，人口密度居全国之首，成为当时全国最有名的繁华都市。

都江堰建成400年后，公元143年，一位身着长袍的百岁老人长途跋涉来到了都江堰西南侧的青城山麓，在这座环境幽静，满是碧树苍松、飞泉流瀑的山中留下。在山林溪涧之中，他开始了沉静思索，将毕生学习修行的"黄老之学"吐故纳新之后在当地传播，创立了"天师道"，也就是中国唯一的自创宗教——道教。这位相传最后羽化山中的老人就是道教的开山鼻祖——张陵。后来，道教从这里开始传遍全国各地。如今，在张陵修道的青城山上，还可以看到许多带有道教色彩和风格的建筑。道观完全依自然地理环境而建造，上下重叠，错落有致，并都以"三"为建筑构思，体现了道家"道生一，一生二，二生三，三生万物"的宇宙乾坤观念。建筑上布满绘画和浮雕装饰，表达了道家清静无为、健康长寿的思想。在张陵修行的天师洞大殿前还刻有象征阴阳乾坤、五行八卦的太极图，这张图表现了道教崇尚天人合一的最高境界。

张陵使战国时期老子崇尚自然的思想在蜀地开宗明义、源远流长。而青城山作为道教的发源地，世代香火缭绕，文人香客络绎不绝，成为道教圣山。历代许多著名道士，在青城山隐居修行、传宗开派，不断丰富和发展了道教文化。道家强调修身养性，延年长寿，为寻找长生不老之法，道士们经常采集各种药材放在炼丹炉中焚烧，希望炼出让人长生不老的丹药。

公元 8 世纪的中叶，一位名叫清虚子的道士经常寻找各种古怪的配方炼制丹药，在一次使用硫黄、木炭和硝石为燃料炼丹时，发生了一场意外爆炸，这次爆炸让中国人早于西方 1000 多年就掌握了制造火药的技术。

植被丰富的青城山不仅是道教的圣山，还拥有 730 多种木本植物和大量珍贵药材，吸引了许多道士前来悟道养生。唐太宗时期，道士孙思邈来到青城山，他在这里采集

了大量药材，研究了解各种药性，撰写了医学著作——《千金方》。这本书至今仍然是中医必修的典籍，孙思邈被后人称为"药王"。

道教文化在吸取蜀文化滋养的同时，还与蜀文化相通相触。蜀文化以水为脉，道教也崇拜水，在道教的最高神灵"三官"中，除了天官和地官以外，就是水官。与世界其他宗教不同的是，道教强调顺

应自然的同时，还要改造自然。天府源头都江堰以柔克刚的哲学思想和李冰建堰的科学精神，与道教的思想不谋而合，因此，都江堰的创建者李冰又被道教尊崇为"清源妙道真君"。为了纪念李冰，人们在湔山上修建了二王庙，朝朝暮暮，钟鼓钹磬伴随着江水轰鸣。

清朝咸丰年间，道士张孔山在二王庙修道。他常年在岷江岸、古堰旁，聆听着变化万千的岷江水声，

为纪念李冰修建的二王庙

尽毕生古琴研究所得，谱出了一首将道教音乐推向极致的古琴曲——《流水》，被世界视为东方音乐的杰出代表。

岷江之水在崇山峻岭之中千回百转，汇万千小流成大江，时而空灵，时而狂野。古老的都江堰与热情的江水浑然一体，旷古不变地停留在山水之间，以它朴素达观的东方精神凝成了人类和地球永恒的记忆。

大足石刻

公元 1945 年，中国正处于第二次世界大战期间。这年 4 月的一天，杨家骆、马衡、顾颉刚这些中国最为著名的史学专家，从当时中国的临时首都重庆出发，前往 160 多千米以外的大足区，考察一个被当地人叫作"大佛湾"的地方。

他们穿过一条淹没在荒草丛中的林荫小道，顺着狭窄湿滑的石梯攀上谷顶，进入一个昏暗幽静的洞窟。当队员们拧亮手中的电筒，一个奇妙的、神话般的世界呈现在他们眼前。一尊尊精美绝伦、栩栩如生的摩崖造像，带领着他们穿越时空隧道，去触摸历史的印迹。一座石窟艺术的宝库，在乱石杂草和历史的烟尘中湮没了千年之后，抖落历史的尘埃，重新进入了世界的视野。

石窟造像原本是印度佛教的一种修行方式，雕满了佛像的石窟就是僧侣们的修行之地。后来，佛像越雕越精美，种类越来越丰富，石窟造像也就成了一门艺术。

那么佛教的石窟艺术是何时传入中国的呢？

公元 65 年初春，一支前往中原的匈奴商队在还没有到达目的地之前，就被戈壁滩上暴虐的风沙吞没了。人们从遗物中找到了一尊被商队视为保护神的石刻佛像。也就是从这个时候开始，中国人才知道西方有个法力无边的佛祖名叫"释迦牟尼"。这些信奉佛教的西域人走到哪里就在哪里的崖壁上凿石造像、宣扬佛法。摩崖造像成了佛教徒在中国最常用也最为有效的佛教传播手段。

后来，沿着中国古"丝绸之路"由西向东，在

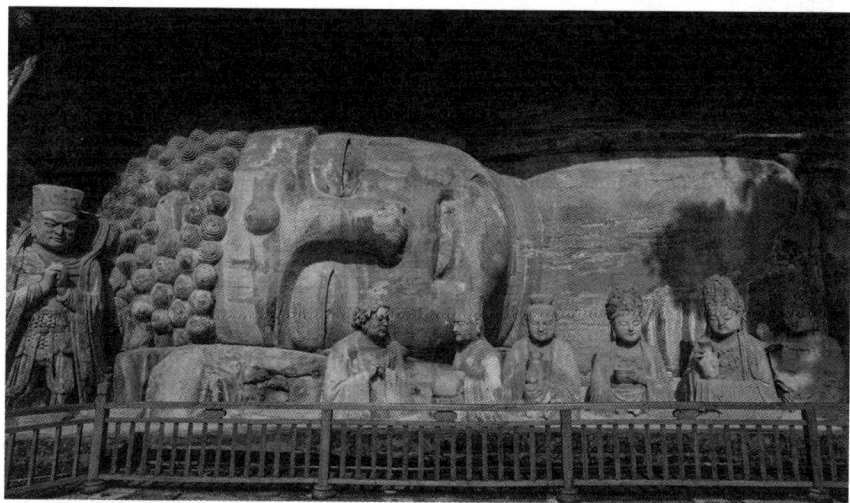

卧佛

中国的版图上矗立起一座座雄伟壮观的石窟艺术群。经过数百年的发展，中国北方在公元5到7世纪所开凿的云冈和龙门石窟，成为石窟造像热潮的经典之作。

那么大足石刻是在什么原因下开凿的？为什么要选在这个今天看来较为偏僻的地方进行呢？

公元880年，唐朝的首都长安被叛军占领。大批优秀的画师和石刻工匠跟随唐僖宗李儇，流亡四川。

四川盆地一直是中国较为富足的地区。那时的大足是四川东部的政治、军事和文化中心。而唐僖宗的这次政治避难，为石窟艺术在长江流域的崛起提供了契机。

这时，一个叫韦君靖的人，成了大足石刻的始作俑者。

韦君靖原是一名地方小官，安史之乱后，他趁时局动荡，攻占了大足。韦君靖打了一辈子仗，杀人如麻。他受佛教思想的影响，担心自己大开杀戒，死后会下地狱，于是在北方来的难民中招募了一批画师工匠，并由他个人出资，于公元892年5月的一天，在大足北山崖壁上开始陆续凿刻"毗沙门天王"和"千手观音"。这一来便拉开了中国石窟艺术史上继云冈、龙门之后第三次、也是最后一次大规模石刻造像的序幕。

　　"毗沙门天王"造像，是大足石刻中的第一尊大型雕像。有趣的是，这尊造像虽说有着一个印度神的名字，身上却披着中国古代武将的铠甲。大足的佛和菩萨，都长着中国人的面孔，完全摆脱了印度犍陀罗雕刻艺术对中国早期石刻造像的影响，创造了一种纯中国式的石窟雕刻风格。

　　宝顶山的《九龙浴太子图》，生动地刻绘了佛祖

九龙浴太子图

释迦牟尼降生后，天上的九条金龙为他沐浴洗身的场景。在原先的印度佛教里，为太子洗浴的不是龙，而是蛇。因为中国人不喜欢蛇，认为蛇是邪恶的象征，所以把蛇改成了象征权威和吉祥的金龙。

观音在印度佛教中原本是一位男性，进入中国后，却演变成了一位广结善缘、颇具母仪风范的东方女性。大足北山的这尊数珠观音身高不过1米左右，手持念珠，在椭圆形的背光衬托下，更显得体态轻盈，妩媚可亲，故又被称为"媚态观音"。

数珠观音

千手观音是佛教中常见的神灵。中国有许多千手观音，有的是6只手，有的是8只手，还有的是12只手。大足宝顶山的这尊千手观音，充分利用了岩石空间，强调气势和真实。一手一态，千手千姿，造像面积

千手观音

达 88 平方米，有如孔雀开屏，流光溢彩，美不胜收。
这尊千手观音到底有多少只手很多人都数过，但从
来没有人能数清楚。直到公元 17 世纪时，一位和尚
利用给观音贴金箔的机会，贴一只手，投下一根竹签，
才弄明白观音一共有 1007 只手，是个名副其实的"千
手观音"。

在大足石刻群中，人们不难发现一个有趣的现
象。在北山，石刻造像以佛教人物为主，而和北山
相距不足 500 米的南山，则是道教的石刻造像。这
些造像有的独踞一山，而有的又共居一窟。为什么呢？
这还要追溯到中国传统文化中儒、道、佛三大主体

发展的历史。

孔子是中国儒家学说的创始人，被尊为"至圣先师"。他所主张的忠孝伦理，至今仍被中国人视为正统文化。道家学说认为自己是由另一位哲人李耳所创，其哲学思想自成一派。道家讲究的是清静无为、大道无痕，后来，道教信徒把李耳奉为"太上老君"。而佛教则讲究"吃得今生苦，修得来世福"。三教的哲学体系和思想观念各不相同，为此，三教展开了激烈的争论，更演变为暴力冲突。

三教之间的每一次冲突都引起社会的剧烈动荡，让教徒们诚惶诚恐，让百姓们不知所措。三教应该如何发展，历朝历代的皇帝依靠怎样的思想来巩固自己的政权，老百姓选择什么样的信仰，这些都成了棘手的问题。

终于有人出面调停三教之间的矛盾了。公元624年的元宵节刚过，唐高祖李渊就把儒、道、佛三教的代表人物召集在一起。他请博士徐旷讲孔子的《孝经》，僧人慧乘讲释迦牟尼的《心经》，道士刘进喜讲李耳的《老子》，并让朝廷大员陆明德分析讲评每个人立论阐述的优劣得失。这次调停就是历史上著名的"三教论衡"。

此后，佛教为了能在中国扎下根来，便采取了

大足宝顶山上的石窟群

一种"引儒援佛"的态度。它承认儒家的忠孝思想，并把儒家的忠孝观念融会到佛经教义之中。因此，由孔子撰写的《孝经》，便被刻在了大足北山佛祖造像的一侧。佛教主张出家人必须削发，而《孝经》中却主张"身体发肤受之父母，不敢毁伤"。这两种截然不同的价值观能够在一座山头平安相处，正是佛教同儒家文化相互妥协的结果。

在三教逐渐走向和解之际，大足石门山上释迦牟尼和玉皇大帝的石龛只隔了一道墙，两人相邻而处，共保一方平安。到三教彻底融合时，大足的儒、道、佛石刻间的距离越来越近了。

石篆山东段的石窟区，有连在一起的三窟造像，分别供奉着儒家、佛家和道家的最高神灵。这个窟内的孔子雕像左右肃立十哲弟子，仿佛是佛教造像中的十大菩萨。这是"儒家宗教化"在造像艺术中的体现。大足石刻是三教斗争和融会的历史见证。儒、道、佛在相互借鉴、融合之际，三教诸神终于相聚在大足。

　　在妙高山，释迦牟尼、李老君、孔夫子干脆住到了一个石窟里。从最初的共居一县，到共居一山，最终到共居一窟，关系越来越亲近。此时，中国北方战乱不息，社会动荡，大规模的石刻造像早已停止。大足石刻也就成了唯一记录和表现中国三教融会时期文化特点的石窟艺术群。

　　在中国的石窟艺术中，虽然早期的大足石刻无论是从形式上，还是从思想内涵上都已呈现出本土化的特点，但这一尊尊独立抽象的石像还是很难让普通百姓真正理解晦涩深奥的佛经教义。

　　公元 1175 年初夏的一天，一位身穿袈裟、头顶斗笠的僧人，经过长途跋涉，回到了久别的故乡。他叫赵智凤，年仅 19 岁。三年前，他只身从大足前往四川省西部的弥牟镇，进入由四川密宗始祖柳本尊创建的"圣寿本尊院"学习。如今，他作为密宗

牧牛图

的"六代祖师"，学成返乡，传经布道。

为了向百姓更有效地宣讲佛教义理，赵智凤决定把佛经里的故事、人物按照事先的统一设计，依次刻到宝顶山大佛湾的崖壁上，使义理深奥的佛经，变成一幅幅通俗易懂、图文并茂的石刻"连环画"。

雕刻大师们采用反衬的手法，在形象上，充分地体现善恶殊报、美与丑、苦与乐的对比。

在宝顶山南崖的西端，有一组表现以修行为主题的石刻，取名《牧牛图》。整幅雕刻长达27米，展现了牧人驯牛的过程。在这里，牧人被比喻为修行者，而牛被形容成修行者的心，通过图中各种驯牛的方法来表现佛门弟子"调伏心意"的修行过程。

经过《牧牛图》的修正，修行者已有所觉悟，但毕竟还未得佛果，仍需继续修行；并且还要受到佛祖们的询问，以证实修行成果。于是，在《牧牛图》后，又雕刻了以"问法"为主题的圆觉洞。

圆觉洞高6米，宽9米，深12米，是大足石窟中最大的一个洞窟。明暗对比是圆觉洞的主要表现手法。洞内以暗为主，暗中有明。明暗黑白的反差，形成了强烈的视觉冲击。深邃、幽暗的洞窟中，12尊菩萨分列两侧，个个衣着华丽，神态安详。整个洞窟只有洞口上方开了一个天窗，光线由此而入，直射跪向佛祖问法的弟子，使之成为洞窟的视觉中心。

宽敞的洞厅，在一片静谧之中，不时传来滴水声，这正是赵智凤根据圆觉洞所表现的主题，巧妙设计的一种意境。让山上渗出的水通过暗道从石窟里的龙嘴流下来，而后滴落在老僧高举的钵中。水入钵中，发出清灵的响声，更显得这座佛教殿堂的寂静和圣洁。

经过70多年的艰苦努力，宝顶山摩崖造像于公元1252年基本完工。无论是它别具一格的也是中国唯一的表现形式，还是它的思想内容，以及工程设计和雕刻技法，宝顶山的摩崖造像都把大足石刻推向了极致，也因此使中国的佛教密宗史和古代石窟艺术史顺延了 400 多年。

这时的赵智凤已经由一个血气方刚的小伙子，变成了年逾九旬的老人。他终于实现了自己的夙愿，把宝顶山建成了全中国最大的佛教密宗道场。从北山第一座雕像的诞生，到宝顶山的形成，历经 300 多年。大足石刻已拥有了上百座龛窟，近万尊雕像。

就在宝顶山摩崖造像即将全部完成的时候，也就是公元 1259 年，蒙古大军围攻大足东北方向的合州。大足全城震动，正在进行雕刻的工匠们丢下手中的工具，躲避战乱。在宝顶山西面的崖壁上，至今还可以看到几尊尚未完工的作品。在这些尚未完工的石刻中，究竟还隐藏着怎样的神来之笔，这已成了千古之谜。

后来，大足石刻也在连年不断的战争中被人们淡忘，悄无声息地躺在中国西南部的一角，任凭冷雨凄风剥蚀着它昔日的光辉。这一躺就是一千年。

峨眉山和乐山大佛

　　这座大山，被佛界称作"大光明山"，在佛经中被描绘为"形如初月，大放光明"。

　　公元1世纪，一位印度传教士走进了这座大山；随后，这里有了寺庙，有了僧人。

　　后来，信奉佛教的人们，在离这座大山不远的地方开凿了这尊世界上最大的弥勒佛坐像——乐山大佛。

　　更多的佛教信徒们为了心中的信仰聚集在一起，由此，这里成了人们心中永世崇仰的圣地。

　　峨眉山地处中国四川省的西南部，在青衣江、大渡河之间拔地而起。这里云雾缭绕，气象万千，最高峰万佛顶海拔3099米。

　　传说，这座大山是远古时期一位石匠的杰作，他用神锤、神针把女娲补天剩下来的一块石头，雕成了这座雄奇巍峨的大山。远远望去，山势飘逸，又好似姑娘的两道秀眉，因此，石匠为它取名"峨眉山"。

峨眉山是中国四大佛教名山之一、佛教中普贤菩萨的道场。为什么峨眉山会成为佛教名山？又为什么这里会成为普贤菩萨的道场呢？其实，峨眉山最初为人们所知，并非因为佛教，而是道教。这里曾经是道家看好的风水宝地，是修炼成仙的理想居

刻有"大峨"的石头

所，被道教奉为"第七洞天"。

传说，图中这块石头上所刻的"大峨"两个字，就是出自一位名士之手。公元9世纪末，一位道骨仙风的长者来到峨眉山。他整日访仙问道，采药炼丹。闲暇之余，常在这块巨石前的平地上习武练剑。这个人，就是被道家奉为"北五祖"的吕洞宾。

吕洞宾道号"纯阳子"，后人为纪念他，专门建造了纯阳殿，这是峨眉山中最负盛名的道观。殿后的山坡上，至今还完好地保存着两块石碑，记载了道教往日的辉煌。

据传，后来，峨眉山的平静却被传说中采药老农蒲公的奇遇打破了。一天清晨，年过花甲的蒲公像往常一样上山采药。突然，他发现地上有一行大如茶盘、状似莲花的脚印。蒲公沿着这奇怪的脚印一直追到山顶，脚印却消失了。随后，伴着一阵天籁，茫茫云海中升起一轮五彩缤纷的光环，光环中有一头长着长鼻子、翘起六根长牙的白象，驮着一位头戴金冠、手握如意、盘腿坐在莲台上的仙人。惊恐万分的蒲公倒头便拜。

事后，经一位高僧点拨，蒲公才知道那就是普贤菩萨的瑞相，也由此对普贤菩萨深信不疑。随后，他在崖顶修建了一座供奉普贤菩萨的寺院，后人取名为"初殿",他也潜心皈依佛门,这一年是公元63年。

从此,峨眉山开始了长达1000多年的普贤信仰。普贤菩萨在峨眉山显相300多年后,高僧慧持不远万里,专程来到峨眉山朝拜。他发现息心岭一带地势宽广,群峰环绕,是一个修建寺院、弘扬佛法的好地方。公元399年,慧持在这里建造了普贤寺,这是峨眉山上唯一一座以普贤法号命名的寺院。从此,普贤寺的命运与普贤道场的兴衰紧紧地连在了一起。

佛教的进入,打破了道教在峨眉山一统天下的局面,同时也拉开了峨眉山上佛道之争的序幕。

《白蛇传》的故事就源于峨眉山一个古老的传说。

戏里的白娘子是峨眉山上修行的蛇仙，在白龙洞修炼千年后得道。她和青蛇幻化成人形，从峨眉山来到杭州西湖。白娘子与许仙两人一见钟情，结为夫妻。本以为两人从此会幸福美满，白头偕老，谁承想遇见了和尚法海，这个和尚使他们的命运发生了巨变。

法海认定白娘子是蛇妖，告诉许仙雄黄酒可以让她现出原形。端午节时，法海赠予许仙雄黄酒。尽管白蛇早已得道成仙，并幻化为漂亮的女子，但她还是没能抵挡住雄黄酒的药力。白娘子喝下酒后，很快就现出了原形。

发现真相的许仙被吓得魂飞魄散、奄奄一息。白娘子历尽艰辛盗来仙草，救了许仙的命，却挽回不了他的心。许仙最终皈依佛门，跟随法海和尚去了金山寺。

白娘子与法海和尚争夺许仙，就像现实生活中佛教与道教为争取更多的信徒一般。佛教提倡的"众生平等"和普贤菩萨提倡的"脚踏实地、注重实践"，既通俗易懂，又易于修行，非常符合世俗常人的心态，比道家的羽化成仙更为实际，更容易让普通百姓接受。峨眉山上的佛教逐渐开始扩展自己的地盘。山中的道士，有的远走他乡，有的干脆改信了佛教。普贤道场信者如云，香火鼎盛。

此时，戏中的白娘子已无回天之术。但为了抢回许仙，她孤注一掷，施展浑身解数，兴风作浪，让水漫金山寺。白娘子和法海和尚，各显神通，然而固然有千年道行的白娘子，最终还是被法海收入钵中，镇压在雷峰塔下。

就像白娘子拼命挽救自己的爱情那样，在峨眉山，道教作为本土宗教，也竭尽全力维护着自己原有的地位，两方的斗争也由此变得更加激烈。

唐会昌五年，即公元845年，唐武宗李炎推崇道教，于是朝廷下令废除寺院，驱逐僧尼，禁止佛教传播。佛像被毁，并把钟磬熔化用来铸造钱币。这就是历史上著名的"会昌灭佛"。这次事件持续了近10年之久，峨眉山佛教遭受了重创，普贤寺也未能幸免。

公元874年，唐僖宗李儇继位，主张实施开明的宗教政策，使佛教在峨眉山终于赢得了一个重新发展的机会。这一年，一个名叫慧通的和尚来到峨眉山，看到满目疮痍的普贤寺，他心痛不已。于是他劝说自己的妹妹慧续法师上山，重修普贤寺，共振普贤道场。慧续因此也成了进入峨眉山的第一位比丘尼。

普贤寺作为普贤道场最具代表性的寺院，经过整修、扩建，在公元876年重开山门。为了让普贤寺从此远离火光之灾，根据中国五行学说中"水能克火"之意，它被改名为"白水寺"。宋朝时又改称"白水普贤寺"。从此，峨眉山中的佛教寺院越来越多，普贤道场重新兴盛起来。

《白蛇传》的故事一波三折，巧妙地折射出了峨眉山上佛教逐渐取代道教地位的那段历史。尽管道教对峨眉山的影响比佛教早，但由于普贤信仰的迅速兴起和普及，道教最终退出了峨眉山宗教的主导地位，众多的道观相继被改成寺院，形成了佛教独尊的局面。

《白蛇传》故事的结局，在峨眉山还有另一个版本：经普贤菩萨的点化，白蛇和青蛇化作了牛心亭前的白龙江和黑龙江。奔流不息的江水，冲刷着坚硬的牛心石，仿佛在告诉世人，她们已经皈依佛门，终于修成正果。

公元1世纪，也就是在蒲公奇遇普贤瑞相的同时，一些佛教徒在峨眉山东面凌云山的麻浩岩壁上，雕刻了一尊世界上现存的最早的佛像。

600多年后，凌云山上又一次响起了铁器的叮当声。好奇的人们发现，正在指挥众人开山凿壁的是一个叫海通的和尚。

凌云山位于峨眉山以东30多千米的乐山境内，山下就是岷江、青衣江、大渡河三江汇流处。每当雨季来临，肆虐的洪水就像脱缰的野马横冲直撞，吞没农田和房屋，百姓们苦不堪言。

此时，普贤信仰在峨眉山已进入了一个兴盛时期。此情此景，促使海通和尚立下了一个宏愿：在凌云山上开凿一尊与山齐高的大佛像，凭借佛的威力，镇伏洪水，保佑苍生。由此，这个注定让后世为之惊叹的浩大工程在公元713年开始了。

大佛的后面有个山洞，叫"海师洞"。当年开凿大佛时，海通就一直住在这个山洞里。为了保护修建大佛募集到的资金，海通愤怒地刺瞎了自己的双眼，吓跑了前来勒索的贪官。

每天，海通都要拄着拐杖，由小和尚搀扶着来到工地。他说："虽然我不能亲眼看到建造大佛的过程，但要听着大家把大佛建成！"

可是大佛的头像刚刚刻完，海通和尚就圆寂了。接替海通工作的章仇兼琼也上调离任。后经剑南四川节度使韦皋大力资助，这项艰巨而又漫长的工程才又得以继续进行。

唐德宗贞元十九年，即公元803年，这尊凝聚了三代人心血的佛像终于完成了，取名"乐山大佛"。

乐山大佛

此时，距海通和尚最初开凿大佛已经过去了整整 90
年。乐山大佛的建成，与峨眉山普贤道场的兴盛，
一起迎来了佛教在中国西南部的鼎盛时期。

乐山大佛通高 71 米，是世界上最高的弥勒佛坐
像。他代表未来，象征光明、吉祥和希望。刚刚凿
刻好的大佛，不是我们今天看到的这个样子。他身
穿彩衣、璎珞披肩，金碧辉煌，端坐在为之遮风避
雨的 13 层木制楼阁——大像阁内，气势恢宏。公元
13 世纪末，大像阁不幸毁于战火，乐山大佛从此裸
露在风雨之中。

直至 20 世纪 80 年代，一位游客偶然间发现，

凌云山和周边的几座山峰恰巧组成了一个仰面而卧的巨型睡佛。大佛恰好立于睡佛的心胸部位。这一发现印证了佛教所谓的"佛在心中"的古老圣寓。

佛是一座山,山是一尊佛。睡佛怀拥大佛,坐东面西,与峨眉山遥相呼应,形成了世界上罕见的佛教人文景观。

峨眉山虽然地处中国偏远的西南方,但是普贤道场的兴盛使它备受历代皇帝的重视。公元980年,宋太宗的一道圣旨给峨眉山带来了一场巨变。

在这年秋季一个难得的晴天里,普贤寺的高僧茂真和尚急匆匆地下山了。尽管不知其中缘由,茂真还是昼夜兼程,匆匆来到了千里之外的汴京。茂真来到皇宫后,宋太宗请出了身怀六甲的皇后。原来,太宗皇帝求子心切,想请茂真和尚算一算皇后是否能为他生一位太子。沉吟许久的茂真终于开口了,他奏请皇帝准许他做三天佛事。皇帝答应了。茂真率领百名僧众,举行了隆重的法会。三天三夜,日升日落,茂真一直在普贤像前焚香诵经。

第四天拂晓,皇宫上空出现了一片金色祥云。没过多久,皇后果然生下了一个男孩,就是后来的宋真宗赵恒。太宗皇帝喜得贵子,对普贤菩萨深信不疑。可是他哪里知道,茂真和尚出家之前曾经还

普贤菩萨铜像

是一位颇有经验的医生呢！为了感谢普贤菩萨的恩德，太宗皇帝御赐 3000 两黄金，在普贤寺铸造普贤菩萨铜像。

这座铜像高 7.85 米，重 62 吨。头戴金冠的普贤菩萨，端坐于白象背负的莲台上。它造型精巧，比例匀称，无论是体积、重量，还是工艺水平，都堪称绝世之作。

随后，太宗皇帝还颁旨各山寺都要供奉普贤菩萨，并特别增设官员驻扎在普贤寺，掌管全山宗教事务。从此，峨眉山与山西的五台山、安徽的九华山、浙江的普陀山，并称为中国佛教的四大道场。

公元 1600 年，明朝神宗皇帝即位后，再次下旨拨款重建普贤寺。为了避免发生火灾，重建后的普贤寺四壁都由红砖砌成，没有用一根木材，人称"无梁砖殿"。

砖殿圆顶方墙，直观而朴素地反映出"天圆地方"的中国古代宇宙观。墙上的 1000 多尊铁制佛像，围绕着当年宋太宗御赐的普贤铜像，象征普贤菩萨与三千弟子永驻峨眉山这片光明的净土。

公元 1601 年 7 月，无梁砖殿落成。这时，恰逢慈圣太后寿辰。于是，明神宗亲笔御题"圣寿万年寺"，取代沿用了 1000 多年的寺名。同时，神宗皇帝还特意赏赐了一枚"普贤愿王之宝"的金印。这枚金印加上从斯里兰卡请回的迦叶佛佛牙舍利和缅甸国王赠送的贝叶经，并称为万年寺镇山"三宝"。从此，万年寺在峨眉山普贤道场的诸多寺院中占据了中心地位，声名远播。

400 多年来，无梁砖殿经历了数次地震，均安然无恙。公元 1946 年，万年寺又一次遭受灭顶之灾，其他建筑均被大火烧毁，化为灰烬，只有砖殿保护着普贤铜像，巍然屹立在一片废墟之中。

到了明清两朝，峨眉山全山共有 260 多座寺院，供奉着近 300 尊普贤菩萨塑像，常年有数千僧尼吃斋念佛，居士、信徒不计其数。普贤道场的香火，达到了它的鼎盛时期。

日月轮回，千古流传的《白蛇传》仍在被世人吟唱。自从当年蒲公见到普贤菩萨的瑞相之后，光环依旧，菩萨却再也没有现身。人们把这稀世罕见的灿烂光环叫作"佛光"。佛光在翻滚的云海中幻化出一个佛的世界，僧侣们为自己构筑了一个圣洁的精神乐园。

拥有亿万年生命的峨眉山，沐浴在霞辉璀璨的佛光里，蕴含着"佛是一座山，山是一尊佛""佛在心中"的禅机。

云冈石窟

在这段东西绵延 1000 米的山崖上，矗立着 252 个窟龛、51000 余尊精美的佛像。它们最大的高 17 米，最小的仅有几厘米，或立或卧、或微笑或沉思，无不动人心魄！

这是中国第一个规模巨大的石窟群，是石窟艺术在中国走向全石化的起点。在这里，多种造像风格实现了前所未有的融会贯通，由此形成的"云冈模式"成为中国佛教艺术发展史上的一个重要转折点。

每个面对云冈石窟的人都会被它恢宏的气势所震慑。那么，究竟是谁把这段山崖打造成了一座流光溢彩的艺术殿堂呢？

沧桑、浩瀚的长城蜿蜒在中国北方，寂寞地守护着这座不断变化的塞上古城——大同。历史上的大同叫作"平城"，历朝历代，它都是边关重镇。

公元 398 年，一个叫作鲜卑的少数民族越过长城，在这里建立了北魏王朝。从此，平城鲜活起来，寄托了这个剽悍的游牧民族一统天下的梦想。

与平城的被淡忘一样，昔日的鲜卑民族也消失在了历史的长河中，只在这古都的一角，留下了这座沉默了千年的丰碑。

了解云冈石窟，首先从最早的"昙曜五窟"开始。这五尊高 13.8 米到 15.5 米的巨大佛像，依次代表着北魏建国初期的五位帝王；深入这些洞窟，仿佛穿越时空，打开了一座尘封已久的历史博物馆。

公元 220 年至公元 439 年，古代中国经历了两百多年的乱世。佛教，就是在这样的背景下进入了中国。佛教遵循的理念给痛苦挣扎的芸芸众生带来了希望。

从荒凉的草原入主中原后，北魏统治者开始思考如何才能赢得汉民族的信任；而被武力征服的汉民族也需要一个包容接纳这个外来民族的理由。

于是，北魏的开国皇帝拓跋珪迫不及待地奉佛教为国教，在中国北方大规模建庙立寺，以此作为缓和民族矛盾的手段。

下图中这尊云冈石窟第二十窟中坐落着的最富标志性的露天大佛，正是拓跋珪的化身。大佛双目

第二十窟露天大佛

细长，高髻高鼻，双肩宽厚平直，从不同的角度观察，可以看到其不一样的表情。

拓跋珪对佛教的态度与佛教希望借助皇权在中国生根的愿望不谋而合。据史料记载，当时，中国北方的佛教领袖法果和尚改变了佛门不服从王权的惯例，公开宣称当时的皇帝是如来佛转世，并带头匍匐在拓跋珪的脚下。

"光明普照"，这个简单的词语精确地形容出了这尊释迦坐像的身姿气韵。

拓跋珪很满意自己能够与佛祖相提并论。朝堂上威严的皇帝穿上了袈裟，化身为佛祖端坐于平城的一角，静静地守护着他的臣民。

北魏的政权传到第二位皇帝拓跋嗣手中时，平城，已不单是北魏的首都，俨然成了一座规模宏大的佛都，越来越多的人为了逃避赋税而遁入空门。

这让崇佛敬僧的拓跋嗣也开始表现出深深的忧虑：没有了粮草和士兵，鲜卑族的铁骑怎么可能横扫中原呢？

公元446年3月，第三位皇帝拓跋焘登场了。拓跋焘下令："先尽诛天下沙门，毁诸佛像。今后再言佛者，一律满门抄斩！"

短短几个月，平城数千座寺庙被焚烧殆尽，数万僧侣或还俗或逃往长城之外。佛教遭遇了传入中国以来的第一次灭顶之灾。

第十八窟里坐落着一尊身披千佛袈裟的释迦立像，正象征着灭佛的皇帝拓跋焘。

历代以来，身着千佛袈裟的佛像并不多见。据说，这是诚心悔过的意思，而左手抚胸、右手下垂也是忏悔的一种姿态，是对受难者深深的抚慰。

洞内主佛两侧各雕了一位胁侍菩萨，菩萨上部还雕着五弟子像，慈悲的目光仿佛在提醒众生忘掉那段不堪回首的往事。

拓跋焘的身影高高屹立在山崖上，昭示着北魏皇权的至高无上。

但在佛教徒们看来，他却是以扪心自问的方式谦卑地存在着，千年不灭，体现着佛法的广袤无边。

据说，灭佛后，拓跋焘突然得了暴病，他便杀了几个鼓动灭佛的大臣以期赎罪。然而，这场浩劫使百姓失去了信心，刚刚在长城内站稳脚跟的北魏政权，再次面临四分五裂的危险。

公元 452 年冬，一个名叫昙曜的僧人心事重重地行走在平城郊外。

想到数以千计的庙宇寺院在刹那间毁于一旦，昙曜在感慨之余也在思考，如何才能让佛的光芒长久地留驻人间呢？

平城近在咫尺。突然，一匹马咬住了昙曜的袈裟，而骑在马背上的正是当朝的皇帝拓跋浚。

拓跋浚是拓跋焘的孙子。为了安定民心，这个刚刚继承皇位的少年君主大张旗鼓地重振佛教，于是灭法时四处逃散的僧人陆续返回了平城，昙曜与拓跋浚的相遇让历史在这一刻发生了巨变。

公元 460 年底，西北风像刀子一样穿透了阴冷的天空，武周山下却是热火朝天。在北魏第四任皇帝拓跋浚的支持下，沙门昙曜统领数千名囚徒、俘虏和工匠，用最原始的工具，一斧一凿地创作着一

云冈石窟

个即将流芳千古的佛教艺术宝库。

佛教在成为北魏的国教 60 年后，终于能以一种不易磨灭的方式流传下来了。但同时，少年君主拓跋浚要求从佛像身上能看到北魏历代皇帝的影子。

在如此巨大的山体上开窟造像本身已经很困难了，况且，佛教在传入中国的同时，也严格规定了营造佛像的法度。

那么，昙曜是如何协调王权和佛道之间这种矛盾的呢？

威严的气质对于一个帝王来说远远比英俊的面容更重要。

昙曜和工匠们依旧沿用了印度佛像的形态，只是在表情和比例上做了微妙的改动。正是这眉眼间的开阔、嘴角的微翘，使印度佛像展现出了中国式的帝王气派。

这种改变意义重大，它巧妙地迎合了中国人含蓄、追求神似的审美取向，使佛教造像在生活化、世俗化的道路上迈出了关键性的一步。

伫立在第二十窟的大佛面前，我们看到佛像头与肩的比例几乎达到了一比三，不管是中国人还是印度人都不可能有这样的比例，而当我们降低高度，以一个北魏臣民的身份去仰望时，佛像的比例完美无瑕！

事实上，正是这种不真实造就了云冈大佛胸怀天下的王者之气，使得它不但得到鲜卑皇族的认可，还成了中国石窟造像的标尺。

争夺国家的最高权力，是宫廷争斗永远的焦点。胜利者从此至高无上，而失败者又有谁能记住他的面容呢？

第十七窟的交脚弥勒菩萨象征着文成帝的父亲，即未登皇位就死于宫廷内乱的太子拓跋晃。在佛教中，菩萨大多交脚而坐，这代表智者成佛前的形象。

昙曜将拓跋晃以这样的形象处理，既表示出佛门对这位尊崇佛法的太子的敬意，也替当朝皇帝表达了对父亲的美好祝福：今生没有登上皇位，且寄来世吧！

　　拓跋晃身着古印度贵族服饰，左手却倚靠古希腊式立柱支撑，从其外形我们不难看出佛教艺术在中国化的背景下相互融合的特点。

　　昙曜五窟中坐落着一尊高 13.5 米的释迦立像，其面容最为英俊，正代表着下令开凿石窟的少年君主拓跋濬。

　　他瘦骨清相、风尘仆仆，既不失游牧民族的粗犷，

文成帝拓跋濬

又具有汉民族的细腻，有一种刚健清新的气质。

在佛像的身上，我们可以清晰地看到有些地方嵌有红色的石核，有些地方的石核已经脱落成为黑洞，这又是为什么呢？

据史书记载，这些石核与皇帝身上长有黑痣的地方完全一致。

此外，我们还可以看到一个有趣的现象，佛面庄严，紧抿的薄唇上却有着淡淡的两撇胡子。这不仅继承了古印度的雕刻风格，也是皇帝的面容在佛像上的具体表现。佛的双眼凝视远方，是否在眺望着鲜卑族梦想中的中原腹地呢？

从公元460年至494年，短短34年的时间，在北魏王朝的资助下，昙曜带领工匠们把武周山掀走一半，营造出了一个神采飞扬、气韵万千的佛国世界。

这个时期的佛像大都仪态淳朴，在保留古印度佛像原型的基础上，又融入了鲜卑族的血脉，被称为"胡貌梵像"。

为了体现了皇权的崇高和威严，昙曜尽量追求窟小佛大。但也正是在迎合皇权的过程中，昙曜和工匠们无意间打破了人和神之间的界限，为以后中国佛教艺术的发展创造了一个自由而广阔的空间。

山在、佛在，北魏的王权就存在。

然而，鲜卑拓跋氏的统治真的能像武周山一样亘古不变吗？

公元 490 年，在刚刚亲政的孝文帝拓跋宏的主导下，云冈石窟迎来了被遗弃前最后的辉煌。这个雄心勃勃的君主已经不满足于固守黄河以北的疆域，佛祖能保佑他实现开疆拓土的梦想吗？

孝文帝将自己的化身雕刻成了武周山最高大的佛像。佛像高达 17 米，双腿长 15.5 米，膝上可容纳 120 余人，光一只脚上就能站立 12 个人。

这尊正襟危坐的释迦牟尼佛头顶蓝色的螺髻，细眉长目、双耳垂肩，身着褒衣博带式的通肩袈裟，给人一种端庄肃穆的感觉。为了方便礼拜、祭祀，坐佛之后还凿有专门的隧道。

这个时期，对于帝王的偶像崇拜达到了后世难以企及的高度。第五窟的主佛雕像正是孝文帝心目中完美帝王的形象，他渴望带领北魏王朝步入更大的辉煌。

据史料记载，孝文帝拓跋宏自幼喜读汉书，对儒家文化颇为推崇。这个二十岁的皇帝相信，只有彻底抛弃鲜卑族的传统，然后像水一样融入中华民族大家庭，北魏的统治才能千秋万代。他让象征皇权的佛像穿上汉装而不是鲜卑服，正是准备大规模推行汉化政策的前兆。

在告别平城之前，孝文帝主持开凿了一尊12米高的弥勒菩萨，坐落于第十三窟，与第十七窟中的交脚菩萨类似。这尊菩萨的右臂下也有出于力学考虑而设计的支撑；不同的是，它不再是一个简单的古希腊式立柱，而是一个雕刻细腻、衣饰华丽的中国古代力士，这是云冈石窟中仅有的一例。

公元493年，在云冈大佛的注视下，北魏孝文帝迁都洛阳。

草原越走越远，云冈石窟也越走越远，那段游牧民族驰骋天下的荣光，也随着平城一起，像煤渣一样被深埋在厚厚的黄土里。

千年过去了，"鲜卑""胡人"等字眼只存在于历史典籍中，勇猛的鲜卑族用武力创建的北魏王朝仅仅存在了100余年。

只有透过这个精美的佛教艺术宝库，我们才能捕捉到那个已然消逝了的游牧民族的影子，这里有他们的喜怒哀乐、他们的尊严和信仰、他们的收获和失落。

九寨沟风景名胜区

　　这里风景如画，梯田般的丛林与波光粼粼的湖水相映成趣。湖水与瀑布与众不同，它们错落有致，层层相连。

　　这里就是被誉为"人间仙境"的九寨沟。

　　九寨沟位于中国四川省阿坝藏族羌族自治州境内。这里的山脉平均海拔四千多米。连绵不断的山峰常年白雪皑皑、银装素裹。

　　山谷就像一条玉带拦腰斩断了两侧的山峰。

　　而山谷的底部就是美丽神奇的九寨沟。

　　山谷里有九个藏族村庄分布在高山、湖泊之中，因此得名"九寨沟"。

　　九寨沟生活着1000多名藏族群众，他们散落在山谷之间，过着田园牧歌般的生活。这里人们的生活与水息息相关，他们凭借雨水耕作，利用溪水作动力磨面。在这里，人们过着半农半牧的生活；还在田间，种植高原特有的青稞麦。

据史学家推测，在大约 2000 年前，九寨沟居民的祖先们为逃避战乱，从青藏高原迁居到了这里。很久以来，九寨沟一直鲜为人知，直到 1970 年，它才真正走入了世界的视野。

九寨沟的居民信奉苯教，苯教是西藏佛教中最为古老的一种宗教形式。不管是僧侣，还是普通的村民，几乎所有人都能够咏诵佛经。佛经中这样说："万物如水"，意为万物轮回，没有任何东西是永恒不变的。

在九寨沟层峦叠嶂的群峰中矗立着一座美丽的山峰，它的名字叫"色膜山"。

当地流传着这样一个传说："在很久以前，剽悍的神人将一面宝镜赠给了自己钟爱的女神色膜，但由于恶魔作祟，女神打破宝镜，宝镜的碎片就化作了人间 108 个银光熠熠的湖泊。"

九寨沟的瀑布声如同天籁，有人说这就是神仙为女神色膜所演奏的乐曲。

气势雄浑的珍珠滩瀑布是九寨沟规模最大的瀑布。这里宽近 200 米，最大落差处达 40 多米。水花飞溅，在阳光的映照下，珠光四射，宛若亿万颗珍

九寨沟的瀑布

珠闪烁，因此得名"珍珠滩"。

树正群海，由19个大小不同的湖泊组成。湖泊之间的森林中穿梭流淌着清澈的溪流，形成了一幅幅水帘。树龄高达百余年的古木，即使在水中也能够扎根生长。这种河川中的森林在世界上也是绝无仅有的。

位于海拔3100米的长海，是九寨沟中海拔最高、面积最大的湖泊。这里有着典型的冰川景观。湖畔边是常年积雪的群峰，两旁是青山翠谷，郁郁葱葱。融化的雪水使水深达百余米的长海常年水量丰盈。

在九寨沟，我们能见到一个神奇的"镜面"。清晨，穿过山谷的风暂时停歇了，这时，水面也化作了光泽的镜面。

在九寨沟的山峰之间，一块挺拔的巨石巍峨耸立。因岩石状若明镜，当地人为它取名"宝镜岩"。据说，这面高度为800米的巨型镜子，是女神不经意间打破的宝镜碎片。宝镜岩的对面，坐落着历史悠久的苯教寺院——扎如寺，其始创年代可追溯到公元762年。宝镜岩是当地藏族人心中的圣地。为了防止宝镜岩再度被打破，人们专门在这里建造了扎如寺。

五花海位于九寨沟的中心，正如它的名字一样，湖水的颜色神奇变幻，时而呈现鹅黄，时而呈现墨绿，不过最常见的是清澈晶莹的宝石蓝。

缤纷的五花海是一片令人难解的湖。20世纪90年代，九寨沟地区遭受连年旱灾，五花海上游的熊猫海已经干涸，但是五花海依然湖水丰盈。

不仅如此，更令人惊讶的是，在地处高寒地区的九寨沟，每到冬季，其他湖水都已封冻，但五花海从不结冰。因此，这座神秘之湖也让当地人由衷地敬畏。这个作为九寨沟美丽风光象征的五花海，为何在冬季不结冰呢？

四川省地质考察队为了探明九寨沟地区的地质状况，进行了长年的勘察。

五花海的湖水晶莹剔透，在水下可视距离达40

五花海

多米远。在湖底，我们能看到许多树木，树干上堆积着犹如雪一样的白色粉末。经过调查，发现这里在 19 世纪末曾发生过一次大地震，这些树木就是被当时的泥石流冲入湖底的。它们在湖底已经静静地沉寂了一个多世纪。鱼儿以密集的树枝作为藏身和嬉戏之所，因此，这里也是九寨沟湖泊中鱼类最多的地方。

湖水越来越深。水深已经接近 9 米，这里是湖底最深的地方了。在这里，令人感到惊奇的现象出现了。湖底有许多好似火山口一样的地方。坑的中心，水不断地涌出。

由于不断地有恒温的水大量涌出，所以五花海即使在冬天也不会结冰，而且无论何时，湖水的水量都是充沛的。流入五花海的水在经过石灰岩岩脉时，水中带入了大量的石灰钙华物质。这些含有钙华物质的白色沙砾就像热带珊瑚海中的沙子一样堆积了下来。这里的藻类也因为受到钙华物质的影响而变成了白色。正因为五花海中钙华物质不断地堆积，这才构成了今天我们所见到的如梦似幻的水底景观。

九寨沟的原始森林密布。优越的自然环境使得这里的生态系统呈现出多样性，美丽的山水间生存着许多珍贵的动植物。在九寨沟生活的珍稀动物中，属于一类重点保护的有 10 种，其中兽类 6 种，鸟类 4 种。被称为中国国宝的金丝猴，就栖息在九寨沟海拔 2000 多米的山谷中。

这里还生活着另一种可爱的动物——大熊猫。藏族人亲切地称它们为"东尕"，意思是白熊。目前在中国，野生的熊猫总量近 1900 只，其中有 31 只生活在九寨沟。

熊猫被称作"活化石"，在地球上有着 800 多万年的生长历史。熊猫对生存环境的要求较为苛刻。它们在九寨沟繁衍生息的重要条件是这里生长着它

熊猫

们的主要食物——箭竹。九寨沟被人们称为"活化
石的宝库"和"遗传基因库"。山谷的海拔从1000
多米一直到近5000米，气候从温带跨越到了亚寒带。
各种珍稀的植物立体地分布在山谷之中。由于山谷
险峻，所以这里有很多古代的动物以及植物原种得
以保留。在这里，珍贵药材有冬虫夏草、雪莲、雪茶、
川贝母、天麻等，生长着74种国家保护的珍稀植物。
九寨沟的人们，生活在大自然的恩赐中，与自然和
谐共存。

秋意渐浓，山谷化作了一片金黄，这是九寨沟
最美的季节。蕴藏着丰盈泉水的五花海也融入了秋

天的景色之中。从五花海流出的含有丰富钙华物质的水，在下游形成了美丽得令人叹为观止的钙华景观。在五花海下游 1000 米左右的地方是诺日朗瀑布。瀑布宽度近 300 米，高度达 200 多米。这里的地理构造十分典型，正是钙华物质的堆积造就了美丽的诺日朗瀑布。

九寨沟地处喜马拉雅山脉的边缘，由于地震而引起的断层时有发生。断层所造成的巨大落差，便是诺日朗瀑布的主要特征。水中的钙华物质在瀑布顶部迅速地堆积，形成了堤坝。堤坝挡住流下来的水，逐渐地就有了一汪美丽的湖泊。然后，一层又一层，由断层所造成的瀑布和湖水就这样产生了，周而复始，最终形成了九寨沟阶梯状的美丽景观。这种石灰物质逐渐堆积的结果，就是形成了被称作"钙华"的喀斯特地貌。

一度产生的钙华堤坝，有时也会沉入湖底。位于五花海下游 5000 米处的卧龙海，曾经也有生长着森林的堤坝，但由于其下游的瀑布逐渐扩大，堤坝沉入湖底，宛如巨龙沉睡。

九寨沟如此规模宏大的钙华现象在全世界是绝无仅有的。正是因为有了这些数量繁多、形态各异、色彩斑斓的钙华水体景观，以及珍贵的动植物，所以九寨沟才获得"世界自然遗产"和"世界生物圈保护区"两项国际桂冠。

芦苇海位于九寨沟谷地的最下游。与上游不同的是，这里是淤泥集中的沼泽地带，浅滩中生长着茂密的芦苇。石灰物质在这里被过滤并沉积下来。从这里到沟底的下游，水中不再有钙华景观的呈现。

村民们将放牧在高山上的牦牛集合起来，赶回村中。九寨沟的冬天到了。湖水封冻了，瀑布也结冰了，只有五花海依然保留着瑰丽的孔雀蓝色。农闲季节，村民们会成群结队地去敬拜他们的神山。这就是当地特殊的"转山"活动。

从数千年前开始，九寨沟的居民就与这里的山水共存。在这里，他们尽情地享受着一切大自然给予的恩惠。为了感谢上苍而举行的祈祷活动，即使是在严冬也不会停止。

万物如水，轮回交替。很快，又一个春天便会重新来到九寨沟。

武陵源风景名胜区

　　大自然的鬼斧神工给予这里赏心悦目的色彩和景致；亚热带充沛的雨水和适宜的温度为这里带来了繁茂的植被；这里有嶙峋挺拔的山峰和深邃清幽的峡谷，溪湖银瀑与树峰相连。

　　这里有古老质朴的田园风光和独特的风土民情，房屋依山而建，人们傍水而居，市井的生活犹如大师铺陈的画卷徐徐展开。这就是被中国的古人称为"世外桃源"的武陵源。

　　武陵源位于中国湖南省西北部，这里石峰林立，沟壑纵横，举世罕见的石英砂岩柱峰地貌，使武陵源尽显自然的秀美。瑰丽的秀水奇峰与质朴的田园诗情，它曾经是中国历代文人骚客心中理想的"世外桃源"。

　　唐代诗人王维的那篇《桃源行》中，曾用"居人共住武陵源，还从物外起田园"的诗句，赞美这里的自然景象，武陵源也因此而得名。

在这块海拔高差近千米，总面积近 400 平方千米的山地上，3103 座石峰密集分布，组成了浩瀚的峰林奇观。

对于外界人来说，武陵源有着难以描绘的神奇与秀丽。而在当地土家族人的眼中，每座形态各异的石峰都能演绎出一个古老而神奇的传说。

茅古斯舞被称作土家族原始戏剧的活化石。它带有浓郁的祭祀色彩，舞蹈表现出土家族的祖先崇拜自然、开拓荒野、刀耕火种的创世业绩。对自然与祖先的崇拜，构成了他们最初的宗教信仰。在这里，自然带给了人们无穷的想象。

从秦朝开始，武陵源一直被当作进军蜀地的秘密途径。特殊的地理位置和军事作用使得这里战事不断，因此，当地流传下来的故事也多与战争有关。

传说在神堂湾内，就曾经爆发过一场惊心动魄的战争。明朝初年，一个叫向大坤的人，由于不满明朝政府的统治，率部来到天子山下举旗称王，自号向王天子，提出"建立天国、永享太平"的口号。当朝皇帝朱元璋闻讯后，立即责令数万官兵前来征剿。交战失利后，向王被官兵围困在神堂湾内，几

采药老人石峰

次突围均未成功，最终与部下一同跳入了深涧。向王殉难后，神堂湾内不时有人叫马嘶的声音传出。数日以后，云开雾散，人们惊奇地发现，向王天子与他的部下已全部化作了这里的山峰。

在武陵源，形态各异的峰林奇观数不胜数。当地人还根据它们的外貌特征为每一座石峰冠以形象的名称。

图中这座被当地人称作"采药老人"的石峰，高约 30 米，宛如一位身材清瘦，头缠布帕的土家族老者。他身后的背篓中鲜草摇曳，仿佛是刚刚从山间采药归来。传说，他就是向王军中那位善识百草、医术精湛的郎中。当他得知向王兵败跳崖的消息后，悲痛欲绝，不思茶饭，最终化为此岩。

西海数不清的石柱石峰，密集分布，嶙峋挺拔。它们从西南部开始纵贯至东北，长达20千米，宽约10千米。千百万年以来，裸露的石峰岩石表面产生的凹凸不平、层层叠叠的外貌给予了人们无限遐想的空间，那么像采药老人、仙女献花如此奇异的自然地貌又是怎样形成的呢？

在距今7000万年前，造山运动使这里平整的石英砂岩地层被托出地表，褶皱成山，并发生断裂，最终形成了方向一致的峡谷。

由于岩石中石英砂含量的不同，因此造成了岩石内部坚硬程度的不同。当雨季来临时，表面破碎的沙石被雨水冲走，所流经之处，雨水夹带着沙粒，长期研磨，像锯子一般，使岩石裂缝扩大，逐渐将岩石磨切成块。另外，根植于岩石缝隙中的植物，也可通过生长过程中的膨胀力使岩石爆裂碎解。

十里画廊的采药老人的头部和背部，天子山上手捧花篮的仙女，均是因岩石中石英砂含量的不同，对风化、水蚀反映各异，逐步构造的结果。

冬去春来，亿万年前的石英砂岩地层，就成了我们今天所看到的大自然巧夺天工的杰作。

武陵源景区千峰竞秀

常年流淌的溪流源源不断地补给着川流不息的沥水，给这里的生命万物带来了勃勃生机。武陵源至今还蕴藏着竹节虫、海百合等大量的海生物化石，这里不仅是一座生动的化石博物馆，还是一座巨大的生物宝库。武陵源地处中亚热带和北亚热带的过渡区，这里四季分明，雨量充沛；森林中植物和野生动物资源极为丰富，森林覆盖率达到了85%以上，曲折幽深的峡谷两侧群峰耸立，树木花草种类繁多，生长有高等植物3000余种，生物的多样性形成了这里多元的环境。寒带和热带植物相互缠织，成为峰林景观中不可缺少的组成部分。植物形态也丰富多样，在金鞭溪，山谷两旁的石峰直上直下，极其陡峭，生长在山谷里的树木，彼此为了争夺阳光就拼命地向上生长，因此长得又细又长，这种奇特的景观在其他地方很难见到。

　　森林为野生动物提供了良好的繁衍栖息之地，武陵源拥有极为丰富的野生动物资源，其中居住着54种国家级保护动物，包括世界上现存的最大的两栖类动物——大鲵。大鲵的肤色会随环境而改变，一般为棕褐色，背部有花斑，体表附有透明的黏液，

空中水田

叫声犹如婴儿啼哭，所以人们又把它称作"娃娃鱼"。

武陵源秀丽的自然景观，似乎没有给当地人带来生活上的便利。同中国其他地区的农民一样，对于世代居住在这里的人们来说，耕耘与收获是他们年复一年的生活。受地貌环境的影响，导致这里耕地特别匮乏，因此，他们只有将自家的水稻种植到远在几千米或十几千米以外的高山上。

在上图中这块尚未发育成峰林的山顶上，或圆或方，或大或小，组成了网状的水田。有的土地被山体托至半空，边缘是陡峭的险谷，深不见底，形成了蔚为壮观的空中田园，也是独一无二的农家景观。

早在2000多年以前，就有人类在此繁衍生息。从公元939年开始，土司王成为这里最高权力的象征。土司一度脱离了中央政府的辖制，享有不纳粮、不徭役、不征战的权利，成为中国历史上最早的行政特区。直到清朝康熙年间，政府提倡改土归流，这一权利才被废除。

武陵源世代居住着土家族、苗族、白族等少数民族。土家、苗寨也多是依山傍水搭建自家的吊脚楼。这种纯木结构的悬空阁楼，既可以隔潮御寒，也可以防止蛇虫的袭扰。绕楼还有悬空的走廊，是观景和晾晒衣服的场所。在这里，民族之间相互融合、

雕花大床

同化，男耕女织的生活观念没有太多被现代生活方式所动摇。

水连接着城镇和乡村。沿着青石铺就的小巷缓步前行，小城就像是一本慢慢打开的书。小城里的楼屋不是很大，门宅接瓦连椽，户中的人家甚至可以隔街对话。

100多年前，一位青年告别家乡，告别这青石巷里的小院，离开了这里。许多年以后，他用自己的作品赢得了"乡土文学之父"的美誉，他就是沈从文。沈从文先生一生创作了大量反映湘西风土民情的作品，用手中的笔向世人描摹了他眼中的家乡。

走进上图中这间土家族的家庭博物馆，里面有一张打造于清朝光绪年间的雕花大床。从这张床的床檐到床脚，床柱到四壁，里里外外都雕有精美的花朵。床檐的一角雕有金瓜，这意味着瓜迭连绵、多子多福。其他位置分别雕有文房四宝、琴棋书画、生活用品以及自然景观。据说，这样一张床的制作费工费时，要好几年才能完成。由于它借鉴了土家族民居中酷似滴水的屋檐，土家族人称之为"滴水床"。

　　关于这个名称还有一种解释，是与土家族的婚俗习惯——哭嫁有关。过去，土家族的女孩在十一二岁的时候就开始学习哭嫁。会不会哭嫁，成为人们权衡姑娘聪慧或愚笨的标准，而且哭出的眼泪越多就越吉利，因而，"滴水床"有泪水滴答流淌之意。

　　床是土家族人生活中很看重的物件，他们认为人生的一半时间都是在床上度过的。床既是人生的起点，也是终点。每天早晨，醒来一望，心中所愿，尽在其中。床使得他们认识生活，懂得生活。

　　山寨里的老人依旧过着他们田园诗般的生活，依旧守望着这里的一切。千百年来，他们以歌为媒，安居其中。

　　这里的青年男女，从相识、相知、相爱到相伴，歌声成为他们互吐爱意、抒发情怀的主要方式。歌声中有生动的比喻、委婉的抒情，更有奔放的热情。集山水、自然赋予的灵气，美妙的歌声成为他们爱情的红线。

古老、质朴的风土人情，与武陵源嶙峋迭出的山峰，构成了这里独特的景观。大自然所造化出的这些人间奇迹，被当地人赋予了神圣的光彩。湘西的神秘和人们的梦想孕育在这片山水之中，滋长成为动人的诗歌。

黄龙风景名胜区

天空如梦境般缥缈深远，山脉如浪涛般连绵起伏。这里，是神话开始的地方。

这片"人间瑶池"有着诗一般的名字——黄龙。

缤纷的彩池是它晶莹变幻的鳞甲，蜿蜒的金沙是它颀长优美的脊梁。

这里有着茫茫的草原和巍巍的雪山，这里有着羌藏的歌舞和回汉的声乐，这里有着不落的经幡和千年的古道，这里传承、延续着——昨天和今天的神话。

在中国四川省北部，四川盆地和青藏高原的交界处，有一片长3.6千米，宽度从30米到70米不等的区域。这里错落有致地排列着3400多个造型各异、绚丽多姿的彩池。在阳光的照耀下，池水变幻出龙鳞般晶莹多彩的光芒。从高处俯瞰，它宛如一条黄色的巨龙，从白雪皑皑的雪山脚下腾空而起，在苍莽墨绿的森林之中盘旋游弋。梦幻般的仙境引起人们无限的遐想，当地人也赋予这里一个个动人的传说。

最广为流传的，就是有关黄龙真人的故事。黄龙真人是大禹的父亲，在大禹治水遇阻的时候，他化为一条黄色的巨龙，背负大禹所乘之船，沿岷江逆流而上，协助大禹完成了"治水"的千秋伟业。水患的解决，使当地百姓们得以安居乐业。此后，黄龙真人就在这里归隐，化作黄龙，长卧黄龙沟。

距离黄龙沟不远的大耳边村，就是传说中龙头的所在地。清澈晶莹的水，从酷似龙头的自然景观中源源不断地流出。

大耳边村能歌善舞的羌族百姓世代居住在这里。羌族人感谢大自然赐予他们这片富足的家园，他们的歌声和舞蹈原始而美妙，淋漓尽致地抒发着他们对大自然的崇尚之情。

从大耳边村往南走，就到了黄龙沟。这里就是世界上最大的钙华彩池群，一个完全由梦幻与神话交织而成的仙境。

350多个五光十色的彩池交错相连，奏响迎宾池跌宕起伏的奇妙乐章。

盆景池有"水上盆景"之称，在这里，水和景

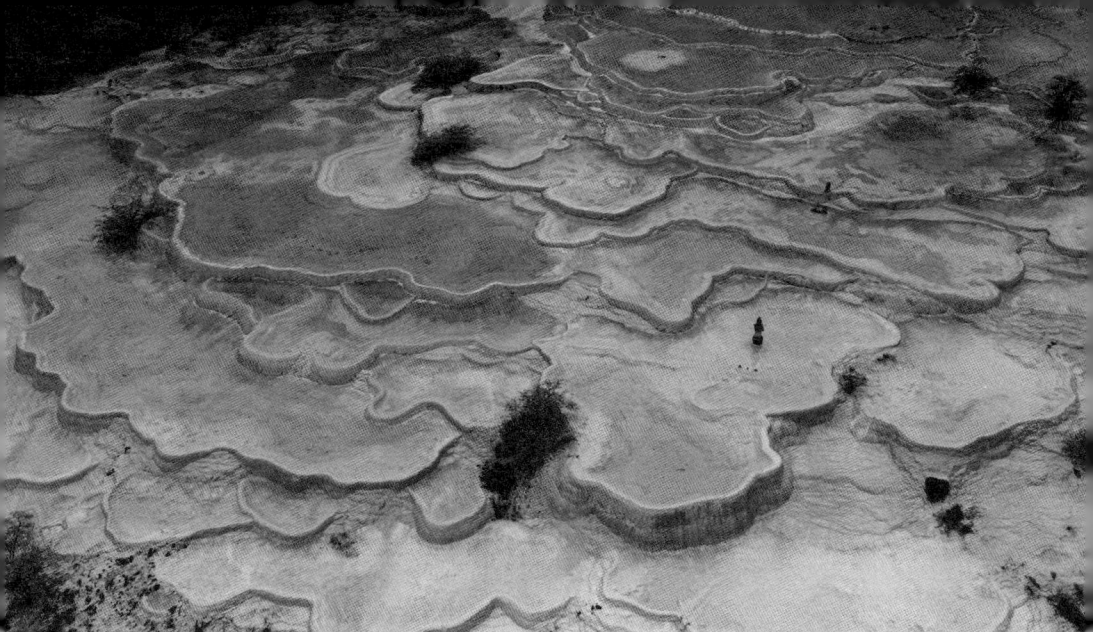

水上盆景——盆景池

观的结合，浑然而成，天衣无缝。

明镜倒映池，水如镜面般光洁，水中的倒影与池边的景色相映成趣，似真又亦幻。

争艳彩池由 658 个姿态各异的彩池组成，它们争奇斗艳，异彩纷呈。彩池里波光粼粼，湖面泛着涟漪，轻轻荡漾，仿佛正在展开一幅流光溢彩的奇妙画卷。

长达 1.8 千米的金沙铺地，宛如黄色神龙的脊梁，金色的钙华赋予了黄龙地区神奇的色彩，缓缓的水流赋予了它灵动的身姿。登高远望，仿佛一条黄色的神龙正扭动脊梁，向天空腾跃。

转花池涌出的泉水，成为彩池的源头。当地的百姓也在这里祈求心愿得以实现，他们将一朵朵鲜花投入池内，在水中旋转的鲜花寄托着他们对爱情的憧憬和对家人、朋友的祝福。

伴随着飞珠溅玉般的水声，瀑布化作一条条玉色的白练，交错着流泻而下，注入彩池。

在众多彩池中，五彩池脱颖而出，当地的人们称它为"黄龙的眼睛"。它是黄龙最为艳丽、最为动人的彩池群，693个彩池构成了它鬼斧神工的容颜。这里凝聚了黄龙美景的精华。

被无数的彩池群拥抱和环绕着的是一座始建于1403年的道教寺院。而寺院前，藏传佛教的猎猎经幡，也在迎风招展，呈现出一道奇特的人文景观。寺院中供奉着传说中的黄龙真人，他受到当地各族百姓共同的尊崇和祭拜。

位于黄龙古寺旁的黄龙洞是一个历经近万年时间才形成的溶洞，洞中怪石嶙峋，水沿着头顶的钟乳石柱不断地往下滴。

当地质朴的百姓总是执着地相信：这就是黄龙真人在登上天庭之际留给黄龙的永恒记忆。

相传，黄龙地区有三座石像，是曾经在此修炼成仙的黄龙真人与他的两位弟子的肉身所化而成。紧挨着这些奇石，一股晶莹清澈的细流源源不断，常年流淌，这就是当地藏民们尊崇的"神水"。据说，喝下此水可治百病，长生不老。

黄龙彩池的水为何会呈现出如此绚烂斑斓的色彩呢？这是因为彩池里的水来自溶岩之中，特别洁净；同时水中还含有大量的负离子，这些负离子使蓝绿色为主的短波光，在水中产生很强的散射作用。所以阳光映照下的黄龙池水才会如此绚烂斑斓。

对于奇幻的黄龙世界来说，永远的主题就是——水，水造就了神秘的黄龙世界，是黄龙的生命所在。没有了水，也许地球上就不存在黄龙这个美丽的地方了。源源不断、流淌千年的雪山之水，才是描绘

雪宝顶

黄龙这幅巨型山水画的真正大师。

雪宝顶，海拔5588米，是岷山山脉的主峰，雪山之水流入黄龙，滋润着这片美丽的净土。

当地的人们认为，是神山雪宝顶赐予了他们如此绚丽灵秀的家园。很早以前，雪山方圆一带就被称作"民族走廊"。历史的更迭和战争的烽火，把不同民族带到这片美丽神奇的土地上。在这里，各民族和睦相处，就如同他们和山水相濡以沫一样。

清晨的阳光铺洒在山间村舍，袅袅的炊烟缓缓升起。在这片美丽的家园中，有一条扎嘎瀑布。扎嘎瀑布落差达104米，是中国最大最高的钙华瀑布。

当地人以一种崇敬的心情与山水相处，他们当中流传着这样一句话："会说话的就会唱歌，会走路的就会跳舞。"在丰收的秋日里，他们总会聚集在一起，跳起快乐的"锅庄舞"，把祝福献给苍天、白云。

平均海拔在4000米以上的若尔盖大草原，水草茂盛，辽阔无垠，是当地最大的一个天然牧场。藏民和马一起生活在这里。马，是大自然赐予他们的亲密伙伴。他们从幼年就开始在马背上生活了。生长在此的马匹异常地威武健壮，奔跑如飞。下图就是被誉为"世界四大名马"之一的唐克河曲马。在古代的黄龙，马是主要的交通工具，有着极其重要的作用。至今，在黄龙山下松潘古城的城墙上，被雕刻得栩栩如生的马的形象依然随处可见。

如今，骑着马走出松潘城，再次踏上著名的龙安茶马古道时，旧日的时光仍然依稀可见。当年，成都的布匹、茶叶经由这里运往西域，西域的良马、药材又由此进入成都。马匹和车轮在茶马古道上演绎着那个时代的繁华盛景。

龙安茶马古道入口的东端是小河村。历代在这里驻扎的守军，战争时期为国戍边，和平年代则代

唐克河曲马雕像

理地方政府管理过往的行人和马帮。

丹云峡是茶马古道中最险恶的一段。丹云峡的入口处，还耸立着一块巨大的无字碑。长度不到 19 千米的丹云峡，落差却超过了 1000 米。丹云峡环境艰险，但也使得这里的自然生态保存完好，生长着许多珍奇的动植物……这里也拥有如同长廊画卷般迷人的景观。

生活在这里的每一个民族都以自己的方式呵护着他们赖以生存的空间，山里的每一棵树都是他们亲密的伙伴，池中的每一滴水都是他们无间的朋友。

每年农历六月的十三到十五日，当地各个民族的百姓都会携带着祭祀用品，纷纷涌向黄龙古寺，参加一年一度的"黄龙庙会"。这种自明朝开始，延续 600 余年的传统祭祀活动，从来没有因为历史的变迁而停止过。汉族、回族、藏族和羌族，超越了宗教民族的界限，聚集在这里，共同祭拜着给他们带来安宁和幸福的黄龙真人，希望自己的子子孙孙能够永远生活在这人间瑶池之畔、圣地仙境之中。

冬天悄悄地走近了黄龙，万物在冬天的凝固和静止下沉睡，又将在春天的生机和温暖中苏醒。与黄龙彩池一样，伴随着恒久不变的美丽，世间万物也在完成一次次生命的轮回。

云南三江并流保护区

　　崇山峻岭之间，雪峰高耸、河谷深切，5000万年的地质演变，造就了地球上最壮观的一处高山河谷组合。

　　它就是中国云南的三江并流。

　　同地球历史相比，人类的出现只是一个短暂的瞬间。在这个星球长达46亿年的演变征途中，上演了无数波澜壮阔的生命历程。

　　15亿年前，地球还是一个水的世界。大约在45亿年前，地中海开始闭合，印度洋次大陆冲向欧亚板块，在地球构造史中，最剧烈的一次造山运动由此开始。喜马拉雅山脉崛起，与横断山脉碰撞。在东亚、西亚与青藏高原交会处，形成了地球上压缩最紧、挤压最窄的巨型复合造山带。

　　发源于中国青藏高原的三条大江，中止了向东奔流的走势，掉头南下，开始在不同的山脉间穿行。西部是怒江，中部是澜沧江，东部为金沙江，金沙江与澜沧江最短的直线距离为66千米，澜沧江与怒江最短的直线距离不到19千米，三条大江在崇山峻岭间自北向南并行奔流170多千米，"江水并流而不交汇"。就这样，地质演变的伟大力量在今天中国的云南省境内，展现出了一幅世界上独一无二的"三江并流"奇观。

老母登村，位于怒江东岸的怒山之中，居住在这里的是怒族人。怒族，约有3.6万人口，主要生活在云南省三江流域，是中国古老的民族之一。

传说，先有怒族人，后有怒江水。怒江发源于青藏高原，在进入云南省境内后，开始奔腾于高黎贡山和碧罗雪山之间，长达316千米，峡谷地带平均深度2000余米。

下图是怒江边上一处地质奇观，出现在高黎贡山中段3000多米的峰巅之上。这是一个地下水溶蚀而形成的穿洞，在地壳抬升的过程中，被高高地举起。因为它形似满月，便被称为"石月亮"。

在当地傈僳族人的传说中，他们的祖先就生活在"石月亮"里。

和怒族一样，傈僳族的村寨也多建在大山的深

石月亮

处。傈僳族，有近76万人口，是怒江大峡谷中人数最多的民族。

漆树，生长在人们居住的村寨四周，属于落叶乔木，是中国特有的树种，果实可以榨成食用油。漆油的制作很简单，先将漆树籽磨碎成粉末状，然后在铁锅中炒熟。最后，放入袋中，利用杠杆原理，在石臼上舂榨成油。

制作独龙毯

　　用漆油将猪肉炒熟，和在米饭中，用手抓着吃，这就是傈僳族最丰盛、隆重的饮食，叫作"手抓饭"。

　　山峦、河流阻断了与外界的交流，怒江大峡谷成了一个鲜为人知的神秘地带。

　　大山深处，居住着一个人口最少的民族——独龙族，约有7000余人，族人基本都生活在怒江流域。

　　出售独龙毯是独龙族人的主要收入。用麻线和棉线编制而成的独龙毯，宽度一般为70厘米，长度达到6米。披在身上就是衣服，铺在床上就是床单。

　　据说，色彩斑斓的蝴蝶是独龙族妇女崇拜的图腾。她们把蝴蝶的图案文在自己的脸上，而更加真实的情况是，弱小的民族总是受到豪强的抢掠。少女们为了逃避被抢走的命运，就在自己的脸上刺上图案。文面逐渐成为一种罕见而独特的习俗。独龙族没有文字，文面的起源已无从可考，这种带有毁容色彩的文面现在已经被禁止。

独龙牛，长期在山中放养，体形庞大，性情凶猛，是独龙族人家中最重要的财产。长期生活在封闭环境中的独龙族，依然保持着原始的信仰，他们认为只有将独龙牛作为祭品，才能表达对天神的敬畏之情。每年，独龙族都要举行一次剽牛祭天仪式。

祭师将谷子撒向天空，仪式便开始了。人们围绕着独龙牛，每转一圈就代表着将美好的希望向天神表达了一次。两位剽师的任务是用标枪刺杀独龙牛，剽牛的高潮就是向天神献上独龙牛。最后，全村人平均分掉这只已经被赋予了神力的独龙牛。

公元 1888 年，一位来自法国的天主教传教士，来到怒江的贡山传道。那位传教士就安葬于重丁教堂的一侧，在一百多年的时间里，重丁教堂几经重建，呈现出完全西化的哥特式风格。

澜沧江，发源于青藏高原的唐古拉山，进入云南省境内之后，在怒山和云岭间穿行 1000 多千米。

茨中，坐落于澜沧江畔的怒山之中，是一个以藏族人为主的自然村落。

19世纪，法国和瑞士的六位传教士先后来到茨中，他们带来了法国的葡萄种子，教会了当地人生产葡萄酒的技艺。

1921年，茨中的天主教堂竣工。中式阁楼屋顶代替了哥特式的尖顶，让人不再产生被排斥的心理。中国古典建筑的样式营造着亲和的气氛，但正面高大的钟楼和两头顶端的十字架标记，则印证了它西式的身份。

教堂内部，完全是天主的领地。中西合璧式样的建筑风格，显示出历史上风雨飘摇的传教之路。

扎拉雀尼峰，海拔5640米，终年积雪，是云岭山脉的最高峰。在当地藏族人的传说中，它是一位皈依了佛祖的战神。就是在这座雪山的山脚下，地球向我们展示了三江并流区域的一段生命历程。

5000万年前，大陆板块的碰撞引发了海底的火山运动，原本只存在于海底深处的蛇绿岩，随着地壳运动，出现在了这里。

硅质虫岩是在2.5亿年前，海底的微生物沉积挤压，变质后形成的一种岩石。随着山脉的隆起，让原本在海底的硅质虫岩露了出来。

5000万年前，印度洋板块与太平洋板块就在三

滇金丝猴

江流域相撞，巨大的撞击力给这里带来了独特的高山峡谷地貌。而直到今天，这种撞击依然没有停止。

对于人类的生活而言，三江流域充满了挑战，而对动植物来说，这里就是它们的天堂。

由于三江并流地区没有被第四纪冰川覆盖，因此，这里成为欧亚大陆生物物种南来北往的主要通道和避难所。三江流域，几乎集中了北半球所有气候带的生物群落，是"世界生物基因库"之一。

滇金丝猴，多在海拔 3500～4500 米的原始森林中活动，以松萝、树叶、竹笋等为食。

一只雄猴，两到三只雌猴，数只小猴组成一个

虎跳峡

家族，成年猴体重约 30 公斤。它们往往几个家族在一起生活，其活动范围可达上百平方千米，是中国继大熊猫之后的第二个国宝。如今，滇金丝猴有 23 个种群，约 3300 只，属于世界自然保护联盟红色名录中的濒危物种。

金沙江，三江中最东面的河流，滩多弯急，属于典型的峡谷河流。

上图中是一处深度 3900 米的巨大峡谷，在长 16 千米的流域内，水面落差达 220 米，最窄处仅有 30 余米，每秒流速接近 8 米。传说，一只猛虎曾借助江心一块 13 米高的巨石，跃过大峡谷，因此，这里被称为"虎跳峡"。

金沙江发源于青藏高原唐古拉山脉，全长2308千米，是世界上最长的大江峡谷。金沙江流域全年少雨，属于干热河谷。

藏族，是生活在这个区域中的主要民族。松赞林寺是云南藏传佛教最大的寺院。全寺建筑在一个山丘之上，占地500余亩。两大主寺建于最高点，居全寺中央。

寺庙大殿的顶层金碧辉煌，旁边立着一个法轮，

梅里秘境

古印度时，轮是一种杀伤力强大的武器。后来，它为佛教所借用，象征着佛法如同轮子一般旋转不止，永不停息，也代表着佛法将会世世代代传扬下去。

怒山北段的梅里雪山，平均海拔在6000米以上的山峰就有13座，它是藏族人精神世界中最为神圣的雪山，也是神奇的三江并流区域一座绝美的丰碑。

卡瓦戈博峰，海拔6740米，是怒山的最高峰。卡瓦戈博，在藏语中是"雪山之神"的意思，藏族人守护着它，不让任何人随意攀登。在他们心中，卡瓦戈博山就是美好生活的保护神。

三江并流，最接近自然的一片区域。在这里，人们可以和高山、河流对话；生活的模样欢快而自在，宁静又安详。